L'Islam
au secours de la République

Du même auteur

Qu'Allah bénisse la France !, Albin Michel, 2004 ; Albin Michel, « Espaces libres », 2007.

La guerre des banlieues n'aura pas lieu, Le Cherche Midi, 2009 ; Points, 2011.

Le dernier Français, Le Cherche Midi, 2012 ; Points, 2013.

Abd al Malik

L'Islam au secours de la République

Flammarion

ISBN : 978-2-0812-9033-4

« Sais-tu donc, demandais-je, qu'il y a autant d'espèces de caractères que de formes de gouvernement ? Ou bien crois-tu que ces formes viennent des chênes et des rochers et non des mœurs des citoyens, qui entraînent tout le reste du côté où elles penchent ? »

La République,
Platon (VIII/544a-545a)

La Profession de foi

Il était convaincu d'être seul.

Le silence appelait doucement la nuit. Il allait pouvoir faire la dernière prière. Sur son bureau, un chaos de Post-it jaunes, de stylos et de trombones s'apprêtait à s'engouffrer dans le trou noir de l'écran de son ordinateur éteint. Il écarta du pied droit les papiers froissés en boule qui, débordant de la corbeille, jonchaient le sol comme un curieux jeu de piste. Puis il étendit un tapis vert sans motif en direction de La Mecque. « *Allahou Akbar !* » s'exclama-t-il d'une voix blanche et entama ainsi la prière dite du soir.

Il n'avait pas entendu la porte du bureau s'ouvrir derrière lui mais juste se refermer. La jeune femme de ménage poussa un cri muet quand elle le vit.

Ce n'était effectivement pas tous les soirs qu'on surprenait dans son QG de campagne, quelques jours seulement avant le premier tour de l'élection présidentielle, le candidat favori des sondages en train de se prosterner devant Allah.

Dès le lendemain matin, une masse de journalistes se tint en bas de son immeuble comme à son chevet. Même s'il se doutait que plus rien ne pouvait être comme avant, la diffusion instantanée de la nouvelle l'étonna. À l'entrée du QG de campagne, une foule encore plus nombreuse l'attendait. Certains demandaient des explications et d'autres l'insultaient déjà. Il traversa le couloir qui menait directement à son bureau dans un silence de mort. Aucun de ses collaborateurs ne vint à sa rencontre. Tous le regardaient à la fois triste et en colère comme s'il était atteint d'une maladie rare, contagieuse et incurable et portait sur le front le sceau des parias.

Lui qui hier encore incarnait la solution à tous les maux du pays en était devenu en quelques heures le problème ultime. Il entra dans son bureau et par réflexe s'y enferma.

Son regard se perdit d'abord dans le vague puis se posa sur le magazine médical oublié par sa femme sur le coin du bureau. Il le fit glisser vers lui dans un soupir contenu. À la une, un dossier sur la peau. Il repensa à la manière dont sa femme, inquiète, l'observait quelques heures plus tôt. Elle qui refusait de l'examiner elle-même et préférait l'envoyer vers tel ou tel confrère se retrouvait retranchée dans un rôle à la fois de praticien et de patient. Pour la première fois il comprenait la nécessité du recul face aux malades qu'elle évoquait si souvent, sans lequel la vigilance se muait, erratique, en pure et simple peur tétanisante. Quelle drôle de table d'examen que l'opinion publique. La situation était grave, mais pourquoi l'était-elle finalement ? S'il s'agissait d'un mal, lequel était-ce précisément ?

Il saisit le magazine des deux mains et l'ouvrit rapidement dans une expiration nerveuse. Il chercha la page de l'article sur la peau sans passer par le sommaire. D'un mouvement de tête de droite à gauche puis de gauche à droite, il balaya des yeux le contenu des pages jusqu'à trouver l'article en question. Page trente-trois, le schéma d'une coupe transversale de la peau et sa légende. « Corpuscule de Pacini, Corpuscule de Ruffini… » des appellations toutes aussi exotiques les unes que les autres. Page trente-deux, l'article correspondant titrait en accroche : « Barrière imperméable, la peau protège les organes internes ».

Pour lui, tout semblait s'être inversé aujourd'hui. Il n'avait plus de peau, tout retroussé qu'il était. Divulgué. Le cœur comme un ourlet, côté couture. Il arrêta de lire, perplexe. Son état lui laissait entendre presque naïvement qu'il n'y avait pas que les dictatures qui étaient liberticides sinon pourquoi avait-il eu si peur de parler de sa conversion, pourtant ancienne, à son entourage professionnel ?

L'examen avait commencé. Nu au milieu d'un amphithéâtre à la faculté de médecine. Son cas allait faire école. La peur, toujours le premier symptôme identifié. Il ne restait plus qu'à savoir si son islam allait être vu comme un mal ou comme un dysfonctionnement.

Quinze ans plus tôt, il l'avait annoncé à sa femme puis, plus délicat, à ses parents. Il se souvint de la réaction affolée de sa mère et de celles de son père et de son frère cadet plus violentes encore.

Si seulement ils avaient pu saisir cette dimension spirituelle de l'islam qui l'habitait, qui le métamorphosait déjà, se dit-il. S'ils avaient pu sonder le sens profond de ce qu'il était en train de vivre. S'ils avaient pu savoir que, plus tard – en tant que citoyen et militant –, il allait s'efforcer de donner du respect et de la considération à toutes celles et tous ceux qui se présenteraient devant lui, justement parce que l'islam allait lui enseigner (puis lui faire vivre dans sa chair) le fait que derrière chaque créature il y a le Créateur.

Mais, alors qu'il leur parlait d'islam, eux entendaient islamisme radical et plaquaient en images sur les mots qu'il articulait alors les dérives les plus funestes que projettent tous les médias du monde, en boucle mortifère. Et puis, comment exprimer l'inexprimable ? Une pensée le fit soudain sourire. Peut-être aurait-il dû créer un de ces fameux groupes de parole à la mode américaine qu'il aurait appelé en toute originalité « Les Musulmans Anonymes ».

Il referma le magazine et se dirigea vers la porte, la déverrouilla, puis alla vers la fenêtre. Une sérénité soudaine l'envahit. Il se rappela bizarrement d'un jouet, à la mode à la fin des années 1990, qu'il avait offert à sa fille aînée pour ses cinq ans. Une grosse fleur en peluche d'où jaillissait un petit monstre curieux lorsqu'on la renfonçait vers l'extérieur d'un mouvement brusque.

Il vit par la fenêtre sa femme sortir de sa vieille Clio verte puis se jeter dans la foule qui l'aurait sans doute engloutie si elle ne l'avait pas traversée en courant. Les vigiles en faction devant la grande porte vitrée finirent de l'aider à s'introduire dans l'immeuble.

Légèrement essoufflée, elle entra brusquement dans le bureau, sans frapper et sans le saluer. Elle ôta ses escarpins en velours noir, posa ses grosses lunettes de soleil sur le bureau, jeta son châle puis sa veste et s'allongea sur le canapé Chesterfield marron, serrant son sac à main sur son cœur comme s'il s'agissait d'une peluche.

« Ce n'était qu'une question de temps », dit-elle.

Il ne s'était pas retourné à son arrivée et regardait toujours par la fenêtre.

« Il fallait s'y attendre. Je m'y étais plus ou moins préparée. En revanche, ce à quoi je m'attendais moins, c'est que ce soit une patiente qui me l'apprenne à la fin d'une consultation. "C'est vrai que votre mari est islamiste ?" Bonjour la nuance. Et attends, c'est pas la meilleure. J'allume mon ordi, normal, histoire de comprendre ce qui se passe. Rien qu'en tapant ton nom sur le moteur de recherche, je tombe sur un site qui met en accroche "Un barbu à l'Élysée". Plus hilarante encore, une autre accroche du même acabit : "La charia en France c'est pour bientôt !" Tu me diras, ces trente dernières années le climat de violence permanente associé au monde musulman n'allait pas mettre nos compatriotes, disons… dans les meilleures dispositions. C'est fou, il ne se passe pas une journée sans que la télé diffuse des images d'attentats, d'enlèvements et d'appels au "djihad" et tout ça bien évidemment marqué du sceau rouge de la "charia". »

Tout en continuant à regarder les journalistes qui grouillaient sous sa fenêtre, sans doute par réflexe mental à cause de son esprit pédagogue, il ne put s'empêcher intérieurement de se faire la leçon.

La *Charia* est la base sur laquelle se construit la méthodologie de l'élévation spirituelle en islam. Elle est édictée sous forme de lois (issues du Coran et des traditions du Prophète), mises en forme par les grandes écoles de jurisprudence[1]. Ses différentes interprétations sont celles des docteurs de la loi. Leurs exégèses n'ont donc jamais d'incidences sur le dogme lui-même mais sur leurs aspects secondaires : la manière d'appliquer cette loi et la compréhension de ses métaphores et de ses symboles.

Il revint à lui.

— En même temps, depuis le temps que je fais de la politique, tu sais, je me suis fait allumer pour moins que ça.

1. Il s'agit du Fiqh qu'on a coutume de traduire par « Droit musulman ». Il signifie littéralement « réflexion, compréhension, intelligence, sagesse » et désigne plus précisément « la science de la loi ».

Elle farfouilla nerveusement dans son sac sans trouver ce qu'elle cherchait. Elle s'arrêta un instant, marmonna quelque chose, regarda le plafond et fouilla à nouveau son sac à main sans succès. Il ne s'était toujours pas retourné.

— J'ai eu ma mère, il y a une heure. Elle est encore plus effondrée que lorsque je lui ai annoncé que j'étais devenu musulman.
— Et ton père ?
— D'après ce que me dit maman, il passe son temps à insulter les journalistes dès que le sujet est évoqué de près ou de loin à la télé.

Sa femme et lui éclatèrent d'un rire inquiet.

— Et tes collègues à l'hôpital ?
— Oh ! tu sais, on est tellement débordés, tellement confrontés à des situations autrement plus tragiques… Dans les chambres, il n'y a plus de cathos, de juifs, d'athées, de musulmans et que sais-je encore. Juste des gens qui s'accrochent à la vie comme ils peuvent, alors tu penses bien que pour les équipes de médecins et d'infirmières du service oncologie, cette histoire… On a perdu une petite hier… Dix-sept ans…
Elle s'effondra en larmes. Il se retourna enfin, s'approcha d'elle et la prit dans ses bras.

— Je suis tellement désolé de te rajouter du souci, dit-il doucement.

Elle sanglotait sur son épaule. Il avait envie de pleurer lui aussi.

— Ne t'excuse pas pour une goutte d'eau, le vase est archi-plein. C'est surtout de se prendre en pleine figure un tel flot de haine qui me met dans cet état. Je me rends compte qu'on vit dans une sacrée bulle. On passe notre temps à condamner l'antisémitisme, la xénophobie ou le racisme sous toutes ses formes, mais qu'est-ce qu'on sait finalement de ce que peut ressentir un juif ou un étranger ? Je veux dire, dans sa chair ? Eh bien, rien du tout.

Ils restèrent comme ça dans les bras l'un de l'autre sans plus rien se dire. Ils se sentaient bien. Elle ferma les yeux…

Son iPhone à lui vibra sur le bureau. Ils se détachèrent doucement. Elle, presque sans transition, prit son sac d'une main, de l'autre son manteau et enfila ses escarpins. Il la regarda faire tout en appuyant sur l'écran de son portable et en ajustant son kit mains libres. Elle lui fit un petit signe de la main et pour ne pas le déranger articula un « À tout à l'heure » à peine audible.

— Allô ?

— Allô… Dis-moi que tout ça c'est une grande farce, allez, dis-moi qu'on a fait courir cette rumeur pour te faire tomber, dis-moi tout ce que tu veux, mais, je t'en supplie, dis-moi que ce n'est pas vrai !

— Bon, écoute…

— Bon, écoute ? Bon… Écoute ? Non je rêve, c'est un cauchemar. C'est un cauchemar et je vais me réveiller, ça ne peut pas être possible ! On travaille ensemble depuis onze ans, on se connaît depuis près de vingt ans… Comment tu as pu me cacher ça ?

— Je suis désolé que tu l'apprennes comme ça, vraiment…

— Merde, je suis ton ami !

— Je sais… Je suis désolé.

— Tu es conscient qu'on est cuit là ? Cuit de chez cuit ! Bon sang, c'est pas ta culture, comment ça a pu t'arriver un truc pareil ?

— C'est pas une maladie non plus… C'est dingue quand même, on bassine les Français issus de l'immigration avec notre prétendue ouverture alors que le simple fait de préciser comme ça, sans réel besoin, leur identité est déjà un acte de discrimination…

— Je vois pas… Je vois pas où tu veux en venir mais dans tous les cas toi, toi, tu n'es pas un Français issu des minorités, tu es un bon Gaulois comme moi.

— Issu des minorités... Encore un autre groupe de mots pour dire enfants de Noirs et d'Arabes qui ne doivent surtout pas oublier l'extrême chance qu'ils ont que nous les acceptions tels qu'ils sont. On les préfère tout de même lorsqu'ils nous ressemblent le plus possible. Et nous ne les aimons pas nécessairement plus lorsqu'ils nous ressemblent. C'est l'ironie du truc. C'est la diversité, camarade !

— Tu vas pas me tenir ce discours à moi. Tu peux pas nier que l'islam, aujourd'hui, c'est un sujet plus qu'épineux. Et, toi, t'en sais quelque chose vu que tu l'as caché pendant toutes ces années à tout le monde... T'as vu tout ce qu'on dit sur toi depuis ce matin ? Qu'est-ce qu'ils en pensent les Français à ton avis ? Tu sais comme moi que quelque chose qu'on dissimule, c'est forcément suspect.

— En vérité, j'ai su quand j'embrassais l'islam que j'allais obligatoirement le vivre comme un amour impossible, comme un amour interdit.

— C'est dingue de t'entendre parler comme ça... Écoute, mon vieux, redescends de ton mont des Oliviers, c'est la vraie vie ici : tu vas te faire laminer !

— C'est ce qui s'est passé après le mont des Oliviers, non ? Ou bien il s'est fait crucifier ? Je sais plus trop...

— Tu crois que c'est le bon moment pour faire ce genre de plaisanterie ?

— On peut rigoler tout de même. J'essaie juste de te détendre un peu.

— Eh ben, c'est pas moi qu'il faut détendre, c'est la France. Tu vois le discours de politique générale sur la laïcité de la semaine derrière, celui qui a mis K-O tous les autres prétendants à l'Élysée, eh ben, il est plus du tout crédible maintenant. C'est cuit je te dis !

— Et pourquoi ? Pourquoi il ne serait plus crédible, mon discours ? Je n'ai pas changé entre-temps. Je n'ai rien changé, je le pense toujours. Je suis toujours le même, tu sais. Tu connais mon attachement pour la laïcité. Elle a toujours été au cœur de mon combat, de notre combat. Je te le redis comme je l'ai dit et comme je le redirai encore et encore : la laïcité est également là pour garantir et préserver la liberté de culte. La laïcité est l'un des symboles tangibles de la République. Elle est notre bien commun, elle ne peut et ne doit pas être sujette à la discorde puisqu'elle a été créée pour faire naître et grandir cet esprit fraternel au sein d'une nation qui se doit d'intégrer naturellement une population en constante mutation. Tu comprends, le « fraternité » du triptyque républicain, faut bien que ça s'actualise quelque part, faut bien que ça veuille dire quelque chose. Mais si cette laïcité est perçue comme la propriété exclusive de gens dont la culture serait la plus proche de la tradition chrétienne, il y a un truc qui va pas. Et c'est en la concevant consciemment ou inconsciemment de cette manière biaisée qu'on lui enlève toute sa portée, toute sa dimension universelle. Le modèle démocratique à la française n'est pertinent, singulier et opératif que si on tient compte de ce genre de nuance, tu comprends. Sinon, notre système ne peut et ne pourra être un modèle pour personne. Tu sais, notre système n'est pas le problème, bien au contraire, c'est même la solution. Seulement, il faudrait pouvoir sonder l'intention réelle des gens qui disent vouloir l'appliquer, mais ça, c'est pas possible. Il faut que nous ayons enfin le courage d'éradiquer le racisme et la haine ambiante une bonne fois pour toutes. On a les outils du changement, mais a-t-on les femmes et les hommes qui sauront les utiliser ? Qui aura le courage de le faire, ce changement ?

— D'accord, tu me mets face à mes contradictions et tu fais bien. Et c'est la raison pour laquelle je te suis depuis toutes ces années. Mais tu t'imagines bien que des gens bien moins proches de nos convictions vont pas se gêner pour remettre en question ta capacité à gouverner le pays.

— T'es marrant, toi, t'évoques nos convictions et nos années de batailles politiques et aujourd'hui, parce que tu apprends que je suis musulman, tout s'écroule !

— La rhétorique ne suffira pas cette fois et tu le sais. Lorsqu'en politique les actes parlent vraiment plus fort que les mots, le peuple sent bien que ce n'est pas d'un simple changement qu'il s'agit mais d'une profonde et authentique révolution. Le fait qu'à présent tout le monde sache que je suis musulman nous met finalement tous face à nous-mêmes, et face à l'Histoire.

Il vacilla légèrement, pris d'une émotion aigre, grimaça et ne cligna plus des yeux avant de s'asseoir derrière son bureau dans son grand fauteuil noir. Il déglutit pour tenter de dénouer sa gorge serrée parce qu'il ne voulait pas que son ami perçoive son état soudain.

— Ni… Ni toi ni… Ni moi ne savons ce qui va advenir mais une chose est sûre, le discours que je prononcerai ce soir devant les médias ne sera pas un démenti comme tu le souhaites sans doute. Tu n'es pas obligé d'être là pendant la conférence de presse… Cela concerne ma vie privée, n'est-ce pas ?

— …

— N'est-ce pas ?

— Oui… Oui, bien sûr.

— Bon, je retourne au travail, faut que je le prépare justement, ce discours.

— On était si près du but…

— Tu vas pas recommencer !

— Ne nous lâche pas, hein ? Pas de « mont des Oliviers » dans ton discours. Il manquerait plus que tu passes pour un prosélyte de bas étage en plus de tout ça !

— Ne t'inquiète pas, mais tu ne vas pas me reprocher mon émotion. En moins de vingt-quatre heures, le monde entier a fait irruption dans mon intimité. Ça a de quoi secouer. J'ai vraiment besoin de rester un peu seul pour y voir un peu plus clair.

— Oui, euh… Tu as sans doute raison… Je vais te laisser tranquille, le temps que tu rassembles tes esprits. C'est euh… La meilleure stratégie.

Le fidèle ami et conseiller se sentait honteux de ne clairement pas être à la hauteur de ce qui était décrit bizarrement par certains médias comme le plus grand scandale politique depuis l'affaire DSK. L'inconfort de cette position faisait naître en lui ce sentiment gauche d'impuissance et de culpabilité.

— Je ne suis assurément pas le saint auquel tu aurais pu te vouer en pareille situation et j'en suis terriblement désolé, mais tu sais que je suis avec toi, hein ?

— Saint ? Toi aussi tu t'y mets alors.

Il se mit à rire de bon cœur.

— Mais je sais, je sais camarade ! Ne te fais pas de soucis. On se parle plus tard, OK ?

— OK...

— Salut.

— Salut...

Il raccrocha.

Une paix s'empara du candidat comme une vague en provenance de son for intérieur et qui maintenant gonflait tous les vaisseaux sanguins de son visage. La référence au saint ne pouvait le laisser insensible. Il se souvint de l'unique été qu'il avait passé chez ses grands-parents maternels à la campagne.

L'été de l'année 1979. Surgit alors de sa mémoire le tableau représentant saint Michel qui terrasse le dragon accroché sur un mur de la salle à manger. Le mobilier tout en chêne, le bois mat sans vernis, l'odeur de la terre mouillée et les bruits de la vie autour ne rencontrant comme obstacle à leur course que les murs de la vieille bâtisse.

Ses grands-parents étaient croyants mais n'allaient jamais à l'office du dimanche. Leur quotidien baignait dans une spiritualité simple et populaire. Il aimait leur présence, l'énergie qui se dégageait d'eux. Tout avait plus de goût, sans être forcément meilleur. Rien ne pouvait mentir. Ni l'ennui, ni le sommeil, ni l'odeur des draps lorsqu'il s'y couchait. Ni le goût des pommes de terre, ni le goût du beurre et celui du lait. Leurs gestes n'avaient pas la pulsation des gens de la ville.

Lorsqu'il observait ses grands-parents, il avait l'impression que chacun de leur mouvement était enchaîné au suivant. Ils ne se regardaient jamais dans les yeux. Ils n'en avaient plus besoin pour se comprendre. Ils étaient différents et pourtant vibraient de la même manière. Comme tous les objets de cette maison qui avec le temps avaient fini par en épouser toutes les ondulations. La lenteur de leur routine inspirait l'assurance d'un énorme paquebot ne craignant ni tempête ni avarie. Le présent l'emportait sur tout. L'instant comme seul repère temporel. Dans cette vibrante latence, ses grands-parents s'amusaient follement de ses gesticulations et de son impatience.

Lorsque ses parents le rejoignirent pour quelques jours, son père eut beaucoup de mal à se synchroniser à ce balancement. En langage musical, son père voulait imposer un rythme binaire à une partition qui se joue en ternaire. Si bien qu'il ne tint pas plus de trois jours et persuada alors sa femme de plier bagage. La mère du futur candidat, au caractère pourtant bien trempé, ne rechigna pas. Il faut dire que le premier souper avait très vite tourné à la joute verbale.

Entre son père et son grand-père, le courant ne passait décidément pas. Son père, en bon orateur qu'il était, avait décidé de prendre la table à manger pour tribune. Jugeant bon de se plaindre auprès du vieil homme de la situation économique désastreuse de l'époque. Le grand-père voulant appuyer son désintérêt lui fit remarquer : « Peut-être que le prix du pétrole flambe mais ta soupe, elle, elle refroidit. »

Son père, vexé, se pencha sur son assiette non sans marmonner : « C'est vrai qu'ici à la campagne le monde tourne autour de vos vaches et de vos cochons. » Le grand-père répliqua furieux : « Tu sais ce qu'ils te disent, mes cochons et mes vaches ? »

Sa grand-mère le somma de se taire et la mère supplia son époux de prendre sur lui. Le surlendemain, au petit déjeuner, le père annonça qu'il devait rentrer pour d'obscures raisons qu'il balbutia entre deux gorgées de café. La mère, soulagée de ne plus avoir à se mettre à table dans un climat de guerre froide, décida de partir avec lui et de venir récupérer son fils deux semaines plus tard.

Le futur candidat n'était ni enthousiaste ni mécontent de rester. Sa seule véritable satisfaction était d'avoir pu récupérer le numéro hors série d'un Marvel Comics (venu tout droit des États-Unis) que son père lui avait promis. Il était resté des heures à admirer la couverture de ce magazine. Si bien que son souvenir était une réplique exacte de l'original. Son père se l'était procuré par l'intermédiaire d'un ami qui le lui avait envoyé directement de New York. Même si ce numéro datait de juillet 1978, il était heureux de le tenir entre ses mains. D'autant plus qu'il venait compléter une collection qui commençait à être sérieuse. Tout en haut, on pouvait lire *Marvel special edition* en lettrage blanc sur un bandeau bleu. *Star Wars* écrit un peu plus bas et légèrement décentré vers la droite dans sa police mythique en rouge entouré d'un liseré jaune. Il se souvenait parfaitement du prix indiqué en haut à gauche. 1 $, pouvait-on lire. En arrière-plan, à gauche, était représenté le fameux masque noir de Dark Vador. Au centre, la princesse Leia de plain-pied (dans une tenue affriolante qui allait lui valoir pendant de nombreuses années la première place d'idéal féminin) tenait un pistolet laser dans sa main gauche. Derrière elle, Luke Skywalker brandissait de ses deux mains, au-dessus de sa tête, la légendaire épée laser au faisceau blanc qu'il tenait en tendant ses bras vers le ciel.

Pendant que sa grand-mère et lui étaient installés dans le salon qui donnait sur la salle à manger, il ne put s'empêcher de comparer la représentation de l'archange saint Michel avec celle du jeune Jedi. Tous deux, projection d'un avenir attendu ou fantasmé. L'un sacré et l'autre profane, mais tenant le même propos. Comme si l'apocalypse devait toujours s'inscrire, d'une manière ou d'une autre, dans une humanité incapable depuis ses origines de se soustraire à la représentation de cette ultime bataille.

Son ami avait sûrement raison. Peut-être avait-il finalement toujours cherché un saint auquel se vouer et peut-être que l'enfance était le terrain le plus propice à ce désir d'alliance, d'allégeance, de bataille pour le bien et de monde à sauver. L'inspiration et l'imagination des hommes ne sont finalement que les deux bouts de l'expression de cette volonté de réviser à tout prix les mesures du possible et de l'impossible qui font la magie de cette enfance que notre être profond aspire tant à faire durer. C'est ce qui donne à certaines œuvres ce caractère universel que le temps ne peut altérer, différenciées seulement par le marketing qu'elles ont subi chacune à leur époque. Il se doutait bien qu'au XVIe siècle une famille de sa lignée n'aurait pu posséder un tableau de Raphaël.

En revanche, en juillet 1979, ce petit-fils de fermier tenait entre ses mains l'une des œuvres les plus marquantes du XXe et peut-être même du XXIe siècle (si son cœur n'hésitait pas à placer *Matrix* sur cette place du podium). C'est en cela qu'il trouvait son époque formidable. Il n'était pas de ceux qui se tournent continuellement vers le passé en se disant nostalgique, que c'était mieux avant. Mais quand malgré tout cela lui arrivait, il se refusait de toutes ses forces à cette pensée.

Une des raisons pour laquelle il avait choisi de faire de la politique était de comprendre l'instant (au sens de saisir le sens, la direction et la signification, de l'époque). Comprendre son temps et essayer d'y être utile. Il était absent à tout sentiment de revanche sociale. Il n'avait aucun plan. Il s'était juste promis de mourir en homme bien, en homme de bien. Le passé ne peut être incarné que par des objets, se disait-il souvent. Ce passé qui lui-même n'est qu'un objet, un sujet d'étude, matière à multiples interprétations.

Pellicule et pixel, empreinte d'un pinceau qui différencie un Van Gogh d'un Renoir. Une partition laissant libre cours à la sensibilité d'un interprète. Et puis, sans savoir pourquoi, il se disait aussi que la musique restait le domaine qui se prêtait le mieux à l'analogie.

Les événements tragiques de l'histoire sont des pièces, que certains voudraient rejouer en changeant la tonalité, quelques coups d'archet, quelques Tempi. Peut-être même aller jusqu'à remplacer une clarinette par un trombone. C'est en cela que le passé se fait le bien de tous les hommes comme autant de témoins sur parole. C'est pour les mêmes raisons que le passé est un terrain sur lequel rien de durable et de juste ne peut être construit car c'est également en prenant appui sur lui, arguments solides en main, que le bourreau devient victime et l'opprimé bourreau à son tour.

On aura beau décortiquer l'histoire de l'humanité, on apprendra toujours que le présent ne peut se bâtir que sur lui-même. Tant qu'on ne s'attelle pas à cette tâche, on passe à côté de sa propre vie – et à côté de sa flamboyance nationale à l'échelle d'un pays. Il ne faut pas se défaire du passé mais il s'agit de ne pas oublier que c'est au présent qu'incombe le devoir. Le devoir de l'instant, celui qui nécessite l'action juste – influencé par celui de mémoire. À quoi sert de se souvenir des disparus si se souvenir ne sert pas à aimer mieux les vivants.

L'émotion que suscitait le souvenir de ses grands-parents ne l'empêchait pas de s'avouer qu'il aurait pu être un bien meilleur petit-fils. Il n'avait pas été présent à la fin de leur vie. En fait, il ne savait même plus où il se trouvait le jour où son grand-père avait rendu son dernier souffle.

Il ne pouvait se résoudre à se délecter purement et simplement du souvenir de ses grands-parents en se disant : « Ah, que c'était bien d'être avec eux ! C'est tellement triste qu'ils ne soient plus là… »

En un sens, le passé n'existe plus et s'y accrocher est comme vouloir épouser un défunt. Il avait vu ce reportage sur France 2 où cette jeune Américaine voulait célébrer à titre posthume son mariage avec son fiancé tombé en Irak. Il trouvait la démarche belle mais cela n'empêchait pas le fait qu'elle n'allait plus jamais pouvoir étreindre l'homme qu'elle aimait et qu'elle ne porterait jamais ses enfants. Le passé comme cette cérémonie étaient à jamais relégués au rang de symbole.

Le désir de cette inconsolable allait à la fois nourrir sa réflexion et sa perplexité. Mais, en attendant, ce 14 juillet 1979, devant le téléviseur de ses grands-parents, il assistait à l'arrivée des années 1980 place de la Concorde sous le son des nappes des synthétiseurs de Jean-Michel Jarre.

La Prière

« Puis, lorsqu'il y arriva, il fut interpellé : "Moïse ! Je suis ton Seigneur. Enlève tes sandales : car tu es dans la vallée sacrée. Moi, Je t'ai choisi. Écoute donc ce qui va être révélé. Moi, c'est Moi Dieu – Il n'y a de dieu que Moi – adore-Moi donc, accomplis la prière pour te souvenir de Moi." »

Coran XX, 11-14

Pendant sa première année à la faculté de philosophie, alors qu'il vivait encore chez ses parents, il effectuait le trajet qui séparait l'appartement familial de l'université de sciences humaines en bus. Il lui fallait près de cinquante minutes dont dix à pied pour s'y rendre.

Un jeudi matin, à 10 h 23, au cinquième arrêt, un vieil homme entra dans le bus. Comme il était habillé à la mode Hassidim, il devina qu'il était juif, sans doute pratiquant. Il avança vers le fond du bus où le futur candidat se tenait debout. Il s'arrêta à mi-chemin, jeta un œil à droite puis à gauche et finit par s'accrocher à la même rambarde que lui. Il marmonnait des mots inaudibles dans sa barbe blanche et affichait un air si jovial qu'il lui communiqua sa bonne humeur. Puis, sans transition, quand le bus redémarra, comme s'il reprenait une discussion que tous les deux avaient entamée dans une autre vie, il se mit à lui parler : « Et oui, c'est la prière, mon fils. Il faut prier, mon fils ! » Amusé par cet étrange personnage, il le regarda en souriant sans décrocher un seul mot. Le vieil homme se remit ensuite à murmurer quelques paroles qu'il prit ce jour-là pour de l'hébreu.

« Les cinq prières quotidiennes (en islam) doivent s'orienter vers La Mecque, centre vers lequel convergent, depuis treize siècles, les oraisons de centaines de millions de musulmans. Cette direction, c'est la *qibla*, indiquée dans les mosquées par le *mihrab*, cette niche qui est vide, puisqu'elle montre le chemin vers une Transcendance qui ne peut s'imaginer.

On prie donc le visage tourné vers la *Ka'ba*, le premier temple dédié au Dieu unique par Abraham.

Dans la pratique journalière, on accomplit la prière rituelle à l'intérieur d'un espace délimité : natte, tapis, simple trait sur le sable, qui devient un *templum*, un lieu sacralisé, au sein duquel on se comporte comme dans un sanctuaire.

Au début de l'islam, la première *qibla* était Jérusalem. »

Cette rencontre devint un rendez-vous hebdomadaire grâce auquel il comprit que cet homme ne parlait pas l'hébreu mais l'arabe dialectal algérien.

Il apprit également qu'il était le petit-fils d'un rabbin de Tlemcen, qu'il n'était pas content que son fils veuille intégrer le conservatoire plutôt que la Yeshiva, que sa femme était une piètre cuisinière et qu'il ne savait finalement pas de qui sa fille aînée tenait. Il lui parla des pieds de sa dernière petite-fille, alors âgée de quelques mois, qui ressemblaient, selon lui à des petits pains de Shabbat et lui dit qu'il aimait l'entendre rire quand il faisait mine de les manger goulûment.

Une fois, il lui fit même un exposé rapide sur une des lettres de l'alphabet hébraïque. C'était absolument passionnant. Lui qui n'avait jamais ouvert une Bible de sa vie se voyait littéralement initié à l'ésotérisme religieux. Parfois, il ne disait rien et se contentait de dire oui d'un léger signe de la tête.

Un jour particulièrement, il le regarda à peine. Il n'était pour ainsi dire pas là. Il resta debout, près de la cabine du conducteur et il l'entendit parler seul : « *Ya Tlemcen fin Rohti ! Ya la rue de la paix ! Ya Ba l'aziz ! Fîne, fîne*[1] ! » Il s'était sincèrement attaché à lui et le voir ainsi l'affectait réellement.

1. Ô Tlemcen où t'en es-tu allée ? Ô la rue de la Paix ! Ô Père bien-aimé ! En quel endroit ? En quel lieu ?

La semaine qui suivit, il fut soulagé de le voir grimper à bord, ricanant comme un enfant qui vient de quitter son camarade sur une blague. Cela dura sept mois et puis, un jour, il ne revit plus son compagnon de route. Il s'en inquiéta et descendit un matin à l'arrêt auquel lui-même descendait d'habitude. Il emprunta quelques rues. Il entra même dans une librairie où il crut apercevoir son chapeau noir mais ce n'était pas lui.

De retour chez lui le soir, il demanda à son père qui fit les yeux ronds, s'il savait où était la synagogue. Une fois dans son lit, il se mit à réfléchir à la meilleure manière de procéder pour le retrouver. Allait-il falloir qu'il se rende directement à cette synagogue ? Ou fallait-il qu'il se renseigne sur l'horaire des offices et qu'il interroge à la sortie un des fidèles pour savoir s'il connaissait quelqu'un dont lui-même ignorait le nom ? Il finit par renoncer à cette idée, se disant qu'elle n'était pas en phase avec le détachement que lui avait inspiré le vieux juif de Tlemcen et s'endormit.

Il ne le revit jamais.

Cette même année, le futur candidat fit la connaissance d'un certain Yacine qui devint très vite l'un de ses meilleurs amis. Né au Maroc d'une mère bretonne et d'un père originaire de la ville de Fès, le jeune homme était venu suivre ses études de médecine en France. C'était le petit ami d'une de ses camarades de cours. C'était lui qui lui avait traduit la complainte du vieux sage. Et c'était également à lui qu'il allait bientôt devoir la rencontre avec celle qui, quelques années plus tard, deviendrait son épouse.

À force de le taquiner sur son sérieux et son célibat qu'il qualifiait de monastique, Yacine s'était mis en tête de lui trouver *The One*, comme il disait. Il lui avait alors, dans cette optique, proposé de venir à une soirée à la fac de médecine, organisée par les deuxièmes années pour marquer la fin des partiels.

En arrivant devant les portes d'une salle de cours transformée en salle des fêtes, ils furent reçus par une jeune fille qui, gobelet à la main, griffonnait sur la blouse blanche d'une de ses camarades de dos debout devant elle. Elle leur fit signe d'entrer et leur promit qu'elle les rejoindrait : « Dès qu'[elle aurait] fini son chef-d'œuvre ! »

Ils ne s'attendaient pas à ce qu'il y ait autant de monde. Et comme si Yacine n'était venu s'acquitter que d'une seule tâche, il s'empressa de faire s'asseoir son ami et ne le présenta à personne jusqu'à ce que la jeune fille de l'entrée les rejoigne, une dizaine de minutes plus tard.

Leur première rencontre ne fut pas un coup de foudre. Il crut même avoir le souvenir qu'elle s'était moquée de sa chemise à fleurs. Il faut dire que ses goûts en la matière étaient plutôt douteux et l'uniforme standard costume-cravate du politicien allait énormément, sur ce point, lui faciliter la tâche.

Extérieurement, tout semblait les opposer. Elle était à l'aise avec tout le monde alors que lui, plutôt timide, n'était pas du tout du genre à entamer une discussion avec quelqu'un qu'il ne connaissait pas. Elle avait du mal à tenir en place tant elle était sollicitée par les personnes présentes à la fête. Tantôt on la coupait en plein milieu d'une phrase pour la saluer, tantôt un (ou une) étudiant(e) un peu éméché(e) la serrait dans ses bras. Certains allaient jusqu'à lui faire esquisser un pas de danse. Quelques-uns, qui semblaient s'être désignés pour le service, lui demandaient son avis sur telle ou telle chose. Elle affichait alors un air consciencieux et, à la manière d'un haut gradé de l'armée, donnait, des instructions sous forme de phrases concises : Sujet – Verbe – Complément. Puis elle lui redonnait son attention en s'excusant.

Ses cheveux châtain clair étaient coupés en carré parfait juste au-dessus des épaules, ce qui lui donnait un air de petite fille sage. Sa distinction sans conteste détonait avec la familiarité qu'avaient les convives à son égard. Il se demandait même comment une telle poigne et une telle délicatesse pouvaient loger dans un seul même corps.

Il se rendit compte à quel point sa femme avait pu l'aider à se construire. À quel point son caractère avait compensé une volonté qui flancha plus d'une fois.

C'est à ce moment de sa pensée qu'elle choisit justement de faire à nouveau irruption dans son bureau, un café à la main. Elle prit le châle qu'elle avait jeté sur le fauteuil lorsqu'elle était rentrée la première fois. Puis se mit face au miroir placé au-dessus de la cheminée en marbre blanc et gris. Elle le mit sur sa tête en prenant soin de dissimuler tous ses cheveux et fit un nœud sous son menton à la manière d'une musulmane voilée. Elle se tourna vers son mari : « Ça me va bien, tu trouves pas ? C'est moi qui devrais faire cette conférence de presse, et dans cette tenue ! »

Ils éclatèrent de rire. Lui riait à la fois de cette situation surréaliste et surtout de l'accoutrement de sa femme. Il faut dire qu'elle n'était pas vraiment crédible en musulmane avec son crucifix qui pendait à son cou. Elle continua : « Voici la première dame de France ! » Puis changea le timbre de sa voix et fit mine de tenir un micro : « Marine Le Pen a fait un infarctus. Les médecins ignorent toujours les raisons d'un tel malaise ! »

Elle reprit sa voix et dit d'un air taquin :

— Moi, je sais pourquoi...

— Arrête ça chérie et enlève ça de ta tête, dit le candidat en s'efforçant de ne plus rire. Il manquerait plus qu'un paparazzi te prenne en photo comme ça !

Elle lui tendit le magazine *Le Point*, le montrant en une, prosterné, le front au sol, titré : *Doit-on avoir peur ?*

Son Samsung S4 se mit à sonner. Elle le prit dans ses mains, le regarda fixement et ne décrocha pas. La plaisanterie d'il y a quelques minutes avait cédé sa place à une tension sourde. Il voyait bien que sa femme s'efforçait de le soutenir comme elle pouvait mais cela n'enlevait rien au fait qu'elle aussi tôt ou tard allait devoir se justifier auprès de ses proches et de son entourage. C'était bien évidemment la raison pour laquelle elle n'avait pas répondu à cet appel. Il tenta de la rassurer à son tour.

— Écoute, tout ira bien pour moi. Tu devrais rentrer te reposer ou bien passer voir ta mère pour lui en parler calmement.

— Très bien...

Pensive, elle fit glisser son châle sur sa nuque puis l'enroula doucement autour de son cou. Elle s'avança d'un pas lent et léger et l'embrassa comme s'il partait pour la potence. Lui assis sur son siège le magazine *Le Point* dans les mains et elle debout devant lui. Elle posa ses paumes sur ses joues et lui demanda :

— Est-ce que tu sais que je t'aime ?

— Bien sûr que je sais…

Elle ferma doucement la porte en sortant. À nouveau seul, toujours assis dans le fauteuil du bureau, il regarda avec plus d'insistance la photo de lui en prière en couverture du magazine et se demanda sérieusement à quel moment celle-ci avait bien pu être prise. Il ne put s'empêcher de penser que le vieil homme du bus qui l'avait exhorté à la prière avait raison. Il faut prier. Dieu a créé l'homme à son image, dit la Bible. Cette phrase sujette à controverse dans toutes les religions recèle nécessairement un secret, se disait-il. Et sans prétendre à rien, avant même ses premiers pas en islam, il avait toujours pensé que désacraliser Dieu menait forcément à la désacralisation de l'Homme. Pour tout croyant, la révérence due à Dieu et celle due à l'Homme sont deux conditions nécessaires à l'existence d'une foi authentique, avec pour point d'ancrage le cœur. C'est l'un des sens fondamentaux de la profession de foi musulmane : *Il n'y a pas d'autres divinités que Dieu et Muhammad est son envoyé.* Muhammad le prophète de l'islam symbolisant ici l'Homme, avec un H majuscule.

Il était convaincu que la spiritualité consistait en la prise de conscience de notre humilité essentielle et que la prière et le recueillement en étaient paradoxalement le vœu prononcé.

Il ne quittait pas la photo des yeux. Ce front touchant le sol était pour le riche un rappel de son besoin inassouvi, le rappel de la faim pour le repu, celui de l'impuissance pour le victorieux, celui de la soumission pour le souverain et celui de la solitude pour les jeunes mariés. Qu'en serait-il donc du pauvre, de l'affamé, du sujet et de l'étranger solitaire ? La difficulté sociale et affective ne garantit pas la spiritualité des êtres. Ne sommes-nous pas tous soumis ? S'était-il souvent interrogé. Et la mort n'est-elle pas l'expression la plus criante de cette soumission ? Et si cela n'est pas le cas, alors pourquoi nous est-il impossible d'accéder à la vie éternelle ? La prière, c'est s'entraîner à mourir. Elle n'est rien qu'un câble, une connexion pour donner autant que recevoir. Et comme l'humilité élève plutôt qu'elle n'avilit, elle restaure l'amour-propre.

Prier, c'est rassembler d'une main ce que l'autre morcelle et c'est poser l'équation de la relativité spirituelle. Si chacun est libre, fort heureusement, de croire ou non en un dieu, nous ne pouvons nier l'existence d'une place en nous réservée à l'adoration. Croyants ou non-croyants, chacun serait tenté de s'asseoir sur ce trône.

Nous appellerions cette religion l'autothéisme ; religion ralliant nombre d'apostats juifs, chrétiens musulmans et même athées. Leur livre, puisqu'il en faut un, raconterait les peuples colonisés, les guerres politiques déguisées en guerres saintes et la quête du pétrole décrites comme le sauvetage d'un peuple opprimé.

Il rangea la feuille blanche qu'il avait posée devant lui pour écrire son discours. Il se leva et fit quelques pas dans son bureau, les mains dans les poches. Ce trône n'était pas fait pour rester vide et s'il fallait donner cette place à un autre que Dieu, alors ce serait à l'Humanité tout entière : Dieu créa l'Homme à son image.

L'existence de Dieu n'étant pas un sujet qui mette tout le monde d'accord, il fallait impérativement, à son avis, s'accorder pour construire un monde où tout homme serait révéré.

Et c'est sa croyance et sa pratique de l'islam qui lui faisaient comprendre chaque jour un peu plus que ce miracle ne pouvait avoir lieu qu'en Occident, que dans un pays qui avait compris dans ses fondements, à l'heure de la mondialisation, la chance qu'offrait la séparation de l'Église et de l'État comme vecteur positif et opératif du *mieux vivre ensemble.*

Quand, sur cette photographie un peu floue de lui en prosternation, son peuple, le peuple français, voyait soudain incarnées ses peurs individuelles et collectives, le candidat, lui, voyait là la synthèse de toutes ses convictions. Même si bien sûr il aurait préféré par simple déontologie préserver des yeux du monde son intimité religieuse, il considérait que faire de la politique ne pouvait se concevoir sans spiritualité. Un corps selon lui n'était utile à personne si dedans ne s'y logeait pas un cœur.

Depuis qu'il priait, le candidat avait naturellement mais progressivement appris à faire la distinction, de façon complémentaire : l'esprit et le rituel. Pour lui, devenir un être spirituel était une démarche, un cheminement, et la prière (dans le cadre de la vie privée et du respect des règles républicaines) en était la première expression. Elle était devenue la gymnastique de son âme. La spiritualité comme quête de l'excellence humaine, la perfection des nobles caractères. Et, étrangement, elle est peut-être le seul domaine où l'exercice précède l'apprentissage.

Il se rappela ce film américain qu'il avait vu dans les années 1980. Il racontait l'histoire de ce jeune garçon chétif qui, pour se défendre, décidait de s'initier aux arts martiaux. Mais son maître, un vieil immigré japonais, au lieu de l'entraîner lui donnait continuellement des corvées en tous genres à effectuer alors que l'adolescent n'avait qu'une seule envie, apprendre le karaté. Pourtant le garçon se rendit compte par la suite que les mouvements anodins qu'il répétait jusqu'à l'épuisement pour nettoyer telle carrosserie de voiture, ou pour porter tel seau d'eau, étaient en fait en eux-mêmes des techniques de combat. Le titre de ce film un peu kitsch, *Karaté Kid*, était en soi tout un programme, sourit-il, mais la leçon à en tirer n'était pas moins sage.

LA *ZAKAT* OU L'IMPÔT SOCIAL PURIFICATEUR

La femme du candidat décida de sortir du QG de campagne par une porte de service, projetant d'appeler un taxi une fois dehors afin d'éviter les journalistes. Dans la rue, elle chercha dans son sac son téléphone, en vain. Elle leva la tête et vit ce bus dont la dernière station était juste devant la porte principale de l'hôpital.

Elle regardait maintenant à travers la fenêtre du bus, impavide, défiler ce paysage que certains, sans raison moralement justifiable, s'échinaient à rendre hostile, quand la discussion de deux jeunes gens assis juste derrière elle la fit se dire que bizarrement ce qu'il y avait de commun entre la haine et la bêtise (hormis leur caractère universel), c'est la prétention de l'intelligence.

— T'as vu aux infos hier le reportage sur les nouveaux logements sociaux ? En face de la Bourse, s'il te plaît. C'est le premier ou le troisième arrondissement, je crois.

— Jamais je pourrais louer là-bas de toute ma vie, moi. Acheter, j't'en parle même pas.

— Attends, le prix au mètre carré c'est juste hallucinant. Sauf si t'achètes juste des chiottes.

— Tu m'étonnes... Même un studio, c'est pas envisageable.

— Dans le vingtième ou le dix-neuvième à la rigueur.

— Ou dans le dixième ou le dix-huitième et encore maintenant y a que des bobos là-bas... Finalement, je sais pas si c'est normal que certains puissent louer à Bourse pour le même prix qu'à La Courneuve.

— C'est clair. Moi, je taffe comme une dingue pour améliorer ma situation et y en a qui, tranquilles, emménagent dans un trois-pièces vu sur la tour Eiffel.

— L'égalité des chances OK, mais faut loger tout le monde à la même enseigne, sinon ça devient de l'injustice.

— C'est clair. C'est les dérives de l'assistanat ça.

— Tu crois franchement que ça encourage à travailler ? Mais pas du tout !

— Y en a qui vivent que des aides, pépère.

— J'ai un cousin qui vit du RSA, tu vois sa voiture, tu pleures.

— Moi, j'ai toujours pas mis assez de côté pour payer mon permis.

— Par contre, les Roms, c'est un vrai problème. Regarde la dégaine que j'ai. Franchement, toi-même, tu sais que je peux pas être raciste, mais là, franchement.

— Arrête, on dirait la phrase d'un sketch pas marrant.

— Tu trouves pas que Marine elle met mal à l'aise tout le monde sur les plateaux télé ?

— Pire !

— Mais son père, il abuse quand même.

— Ouais, mais tout le monde se dit que c'est des gaffes de vieux.

— Ouais, alors il est vieux depuis longtemps le mec !

— J'te jure… Elle est mignonne Maréchal Marion machin là…

— Ouais, vite fait.

— J't'ai parlé de ma pote qui défend le droit des Roms ?

— Ouais.

— Figure-toi qu'elle s'est fait agresser par trois Roms, à Opéra en pleine journée.

— Non !

— Si, au distributeur de billets. Tu crois que ça l'a refroidie ? Eh ben, pas du tout ! Elle m'a dit qu'elle comprenait encore plus l'urgence de leur donner un autre choix possible et elle m'a parlé de la diachronie des peuples et des êtres, un truc comme ça, qu'il fallait comprendre et bla-bla-bla... J'ai rien compris à ce qu'elle m'expliquait.

— Tu vois, c'est sa naïveté qui l'a perdue. On peut pas accueillir toute la misère du monde, c'est juste pas possible.

— Quand je pense qu'on va tous raquer pour leurs conneries !

*

Au même moment, le candidat toujours à son bureau se fit à nouveau la leçon sans comprendre ni l'origine ni la destination de sa pensée.

*

La *Zakat* est un impôt que l'on doit verser aux plus démunis. Il s'applique aux biens acquis légalement et ne purifie en aucun cas les biens illicites. Il est dit purificateur car il est pour tous croyants le rudiment du détachement et du renoncement aux biens de ce monde. Il protège le cœur de l'envie et de l'avarice. Il solidifie le sentiment d'appartenance à une communauté pour celui qui la verse comme pour celui qui la reçoit. Elle est l'expression même du devoir de bienveillance des hommes les uns envers les autres. Le versement d'un impôt aux plus pauvres que soi n'est que le prototype d'un système voulu plus juste. La bienveillance devient alors en elle-même une aumône, due au moins avantagé par sa position, son rang social. Elle doit animer le professeur qui tient à cœur sa mission d'enseigner, le jeune homme qui respecte le vieillard, l'hôte qui met à l'aise son invité, l'enfant du pays qui fait preuve de mansuétude envers l'exilé.

« Les aumônes sont destinées : aux pauvres et aux nécessiteux, à ceux qui sont chargés de les recueillir et de les répartir, à ceux dont les cœurs sont à rallier, au rachat des captifs, à ceux qui sont chargés de dettes, à la lutte dans le chemin de Dieu et au voyageur. Tel est l'ordre de Dieu. Dieu sait et Il est juste. »

(Coran IX, 60)

*

Le 17 juillet 1996, la femme du futur candidat se rendit à l'église Saint-Bernard où des hommes, des femmes et des enfants maliens et sénégalais (résidant, travaillant et scolarisés en France), en situation irrégulière, occupaient les lieux pour alerter l'opinion publique de leur situation et de leurs demandes de régularisation à répétition restées lettre morte. Certains, désespérés, mais bien décidés à se faire entendre continuant une grève de la faim entamée depuis de nombreuses semaines. Outrée par ce qu'elle vit, la femme du futur candidat n'eut pas à le convaincre longtemps avant que celui-ci ne l'accompagne.

Tous deux s'engagèrent donc presque sans réfléchir auprès de ces gens qui actualisaient les idéaux et les principes qui, depuis le début, avaient orienté de façon consciente et inconsciente chacun de leurs choix dans leurs rapports aux autres, au monde et dans leur propre cheminement intérieur, d'abord individuellement puis au sein même de leur couple.

Le 23 août 1996 à l'aube, les CRS, à coups de hache, éventrèrent la porte de l'église et évacuèrent ses trois cents occupants. Le futur candidat et sa femme, restés sur place, se firent embarquer en même temps que l'actrice Emmanuelle Béart.

*

France 2, journal de 20 heures.

Le journaliste :

Emmanuelle Béart, bonsoir, vous vous êtes beaucoup investie dans ce mouvement des sans-papiers de l'église Saint-Bernard en partageant des jours et des nuits avec eux et en vivant cette opération d'évacuation jusqu'à la fin ce matin. Ce soir, vous êtes déçue, je vous voyais choquée en visionnant ces images.

E. B. :

C'est-à-dire… D'abord, je voulais dire que je ne suis pas là en tant que comédienne mais en tant que femme mère de deux enfants et j'ai l'impression… J'ai le sentiment que si je ne témoigne pas de ce que j'ai vu ce matin… Euh, je ne pourrais plus ni vivre ni dormir en paix. Donc voilà, je suis là pour ça. Ce que nous avons montré… Ce que vous avez montré à la télé euh… Je dirais que c'est peut-être bien loin de la souffrance de tous les enfants avec qui je suis restée jusqu'au bout, avec qui nous sommes restés jusqu'au bout, euh… Je voudrais aussi rajouter que sur certaines images on ne voit pas qu'il y a eu plusieurs viols, notamment, euh… Une église dont les portes ont été, euh… Détruites à coups de hache, des vitraux cassés. Des enfants… Moi, pour ma part, j'avais un petit enfant… Parce que les enfants s'accrochaient à nous… En essayant de comprendre dans une sorte de terreur, des larmes, de cris… Un petit enfant sur mes genoux qui a fait pipi tellement il avait peur, qui ne retrouvait ni son père ni sa mère… Tout ça pour vous dire que… Euh… J'ai… J'ai beaucoup de mal à parler parce que c'est encore très récent et revoir toutes ces images ce soir, c'est très difficile pour moi…

Le journaliste :

Vous avez trouvé cette opération très violente plus par le climat…

E. B. :

Je dirais moralem… moralement extrêmement violente. On a pour moi… violé la dignité de ces gens. Ces gens ont été traqués… Errés d'endroits… D'église en gymnase, euh… Pendant des mois et des mois… Je ne comprends pas pourquoi on a laissé pourrir la situation, s'il fallait étudier au cas par cas, pourquoi ne l'a-t-on pas fait avant ?… Pourquoi est-ce qu'on a laissé ces enfants, ces femmes ces hommes, ces célibataires, ces grévistes de la faim aller aussi loin ! Je suis indignée, révoltée mais j'ai surtout mal… J'ai surtout mal, pas pour moi qui ai été arrêtée pendant deux heures au commissariat et qui ai été lâchée extrêmement vite… Mais je pense à eux ce soir et de les revoir là tous, euh…

Le journaliste :

Dans la mesu… Dans la mesure où les sans-papiers n'avaient pas l'air de vouloir accepter de négociations au cas par cas…

E. B. :

Écoutez, moi hier soir j'étais dans l'église… On a… Pendant cinq mois, ces gens ont demandé à être entendus, on a refusé absolument tout dialogue, le gouvernement… Je tiens à préciser que je ne suis d'aucun parti politique… D'accord voilà, euh…

Le journaliste :
Qu'est-ce qui vous a poussé à mettre votre image, votre personnalité…

E. B. :
J'ai débarqué un jour…

Le journaliste :
… dans ce combat ?

E. B. :
J'ai débarqué, euh… Il y a quelque temps tout simplement, euh… Par solidarité humaine, avec des couches, du lait. Je suis moi-même mère de deux enfants. J'ai eu l'impression qu'il était important d'y aller, d'aider. Je savais que les familles commençaient à manquer de produits de base, de choses essentielles et donc j'ai débarqué là comme ça et puis je suis restée parce que j'ai eu un sentiment d'injustice.

On a répété pendant des mois qu'il s'agissait de clandestins, j'ai donc appris en parlant avec tous les gens qui étaient autour de moi, avec les délégués africains, qu'il s'agissait de gens mis en clandestinité par les lois Pasqua. C'est-à-dire que je n'ai rencontré que des gens qui ont travaillé en France, qui ont une famille… Ou qui sont célibataires mais les célibataires… C'est pas parce qu'on ne s'est pas reproduit qu'on n'a pas de droits… Qu'on n'a pas les mêmes droits que les autres… Euh, je n'ai rencontré que des gens qui ont essayé de former une famille… De former… De se… De vivre ici où la vie est dure mais possible. Dans leur pays, on souffre, moi je viens de Mauritanie, les gens crèvent là-bas ! Au Mali, les gens crèvent aussi ! Je… Euh, comment vous dire… Je n'ai…

Le journaliste :
Vous espériez une autre attitude, une autre issue à ce… Une autre attitude du gouvernement, une autre issue dans ce… Dans cette affaire ?

E. B. :
Écoutez, monsieur, ce que j'ai vu ce matin, je ne l'oublierai jamais mais c'est pas très grave. Ce que les enfants ont vu ce matin, ils ne l'oublieront pas non plus et ça, c'est très grave !

Le journaliste :
Merci en tout cas d'avoir bien voulu nous apporter votre témoignage ce soir…

*

La femme du futur candidat, toute retournée par cette émotion vive, recroquevillée au bras de son époux, les yeux agrippés à l'écran de télévision toute la durée de l'interview, avait sangloté.

C'est ce 23 août 1996 aux alentours de 20 h 15 que le futur candidat à l'élection présidentielle, futur favori des sondages, décida de s'engager en politique.

Le Jeûne du mois de Ramadan

Le journal télévisé du samedi midi était devenu depuis longtemps un rituel pour la famille Aït Mansour. Les deux fils Mimoun et Toufik s'asseyaient toujours sur la même banquette que leur père. Les trois filles, Sarah, 21 ans, Haya, 25 ans et Sabah, 28 ans, s'installaient dans le fauteuil qui formait l'angle.

Les yeux rivés sur son portable, Toufik, le benjamin de 19 ans, envoya son premier message de la matinée à sa petite amie : « Alors la plus belle, bien ou quoi ? » Mimoun, 23 ans, lisait comme d'habitude le journal *L'Équipe*, toujours à l'affût de nouvelles concernant le monde du football.

À 13 heures, la journaliste, en voix off, annonça en principal titre la confirmation de la conférence de presse du favori de la présidentielle, afin de tirer aux clairs le drame national qu'était devenue la rumeur sur sa conversion à l'islam. La mère, qui rentrait de son marché hebdomadaire, portait encore son manteau lorsqu'elle entendit la nouvelle. Debout sur le pas de la porte, elle laissa à l'entrée son chariot qui parfumait le palier de menthe fraîche et de coriandre.

Les parents et leurs quatre enfants se tournèrent simultanément en direction de Sabah, l'aînée qui venait de finir un stage de six mois au sein de l'équipe de campagne du candidat en question.

Le père questionna le premier :
— Tu le savais, Sabah ?
— Non, pas du tout ! Mais il faut attendre d'avoir la confirmation parce que jusqu'ici c'est qu'une rumeur papa.

Son frère Mimoun, sans quitter du regard la page qu'il lisait, rétorqua :
— Mais nan, c'est des conneries, c'est un feuj !
— Et alors, il pourrait s'être converti à l'islam. L'un n'empêche pas l'autre, répondit le père en berbère.

La mère, se débarrassant de son manteau, ajouta :

— Je l'aime bien moi cet homme, c'est dommage ! Ils ont inventé toute cette histoire pour qu'il perde les élections, c'est sûr. Ça se voit bien qu'il est pas musulman...

— Et pourquoi ça devrait forcément se voir ? répondit Sabah.

Toufik taquin comme à l'accoutumée :

— C'est vrai ce qu'elle dit... Faut pas se fier aux apparences. Regarde la future belle-mère de Mimoun, c'est une Rebeu et pourtant on dirait une gitane.

— Allez, ferme ta bouche, toi, s'exclama Mimoun

— Laisse-le parler, Mimoun ! On sait pas ce qu'il va nous ramener, lui... Et puis il va pas épouser la mère mais la fille, *Hamdullilah*, dit la mère agacée.

Toufik renchérit :

— Regarde Haya, quand tu la vois avec son hijab, on ne s'imagine pas que c'est une fille qui a eu un enfant sans être mariée, *Staghrfiru'Llah*[1] !

Sur ces mots, Toufik se leva tout en tapotant sur le clavier de son Smartphone et se dirigea vers la porte d'entrée.

— Je sors ! cria-t-il.

---

1. Signifie littéralement en arabe : Pardon Dieu !

La porte déjà entrouverte, sa voix résonna dans le hall de l'immeuble. Sabah, outrée par sa remarque sur sa petite sœur, écarquilla les yeux en fronçant les sourcils et marmonna :

— Gamin pourri, gâté...

Dans un mélange de mécontentement et d'impuissance, la mère eut tout juste le temps de lui rappeler qu'ils étaient invités ce soir chez les parents de la fiancée de Mimoun et qu'il fallait absolument qu'il soit présent, avant que la porte blindée ne se referme dans un claquement lourd.

La famille ne prêta aucune attention aux autres titres du journal télévisé qui continua d'animer l'écran haute définition au milieu du salon. Le père, qui feignait de ne pas réagir face à l'insolence de son fils, sentit son cœur se serrer d'amertume, de rancœur et de tristesse. Il ne voulut pas même bouger la tête de peur de croiser le regard de Haya, sa fille, concernée par cette injure grossièrement déguisée.

La mère avait regagné la cuisine avec le Caddie stationné dans le couloir. Et commençait à le vider sur la toile cirée de la table. Sarah vint l'aider. Madame Aït Mansour, se rendant compte qu'elle avait oublié de passer à la boulangerie, demanda à son mari d'aller acheter quelques pâtisseries pour ne pas arriver les mains vides ce soir chez la belle-famille. Il demanda à Mimoun de l'accompagner.

Ils quittèrent la maison en se demandant quelle boulangerie faisait les meilleures mille-feuilles d'Aubervilliers. Il ne restait que Sabah et Haya au salon. La plus jeune se leva et alla jeter un œil sur son fils de 4 ans, Aïssa, qui s'était rendormi dans leur chambre, juste après avoir déjeuné. Il s'était réveillé tôt ce matin-là. Sabah s'inquiétait pour sa petite sœur.

Lorsque Haya revint s'asseoir, elle trouva Sabah pensive :

— Allez ! Vas-y, Sabah, parle, je sens que t'as quelque chose sur le cœur.

Elle la regarda et lui fit un sourire triste.

— Je me disais que je t'avais jamais demandé pourquoi t'avais voulu porter le voile.

— C'est vrai, on n'en a jamais parlé… J'en ai jamais parlé à personne en fait. C'est pas évident pour moi, ce choix fait partie d'un épisode douloureux de ma vie.

— On n'en parle pas si tu veux…

— Non, t'inquiète, elle lui fit un sourire à son tour. Quand j'ai quitté la maison alors que je venais d'apprendre que j'étais enceinte, j'ai été prise dans une espèce de tourbillon. J'étais qu'une gamine, je savais pas vraiment ce que je faisais. Jusqu'au moment où mon amour-propre a commencé à être malmené. J'ai vécu la misère chez la famille du père de mon fils, t'as pas idée, Sabah. Après l'accouchement, j'ai décidé d'aller vivre chez une copine qui m'avait proposé de m'héberger quelque temps. J'ai gardé contact avec le père qui donnait l'impression d'être passé à autre chose. Alors qu'Aïssa venait d'avoir 6 mois, je l'ai appelé pour qu'il voie son fils. Parano comme je suis, je lui ai donné rendez-vous devant Notre-Dame, histoire de le dissuader si jamais il voulait me mettre la pression ou, pire encore, s'il avait l'intention de prendre Aïssa de force avec lui. C'est tout le contraire qui s'est passé. Il n'est jamais venu. J'ai attendu une heure trente avant de me décider à partir. J'ai emprunté des rues au hasard en admirant la beauté de ce quartier de Paris. Je ne me lasse pas de regarder cette ville, elle est vraiment belle ! Quand j'étais enceinte, il m'arrivait de prendre le métro sans savoir exactement dans quel quartier j'allais me rendre. Et puis je marchais sans m'arrêter jusqu'à ce que je n'en puisse plus. Il fallait me voir avec mon ventre énorme, je galérais tellement à rien faire. J'me voyais pas retourner à la fac dans mon état. Donc, quand j'ai quitté le parvis de Notre-Dame avec Aïssa dans le porte-bébé, j'ai atterri dans une toute petite rue. Et là je suis tombée sur une statue en marbre blanc représentant Marie voilée qui tenait le petit Jésus dans ses bras. J'ai été touchée… Je te jure, j'avais l'impression de me voir, moi, avec mon petit Aïssa. Cette femme est la meilleure de toutes les femmes et certainement la meilleure de toutes les mères… Elle semblait si apaisée, si aimante avec son enfant et si seule à la fois que je me suis sentie en communion avec elle. En la voyant, j'ai compris que l'enfant auquel j'avais donné naissance, même si j'étais loin d'être une sainte et lui un Prophète, n'en était pas moins un don de Dieu.

» Je n'en ai plus jamais voulu au père d'Aïssa après ça. Je ne voulais plus percevoir mon fils comme le résultat d'une erreur de jeunesse mais comme un dépôt divin dont j'avais la responsabilité. Ça peut paraître dingue… On est des musulmanes, mais c'est en voyant Marie, la mère de Jésus, que j'ai éprouvé le besoin de porter le voile. C'est le premier choix de femme libre que j'ai fait de toute ma vie… Tu sais, j'ai quitté la maison parce que j'étais amoureuse et un peu bête aussi. Pareil pour le choix de mes études. C'est parce que je t'admirais tellement que j'ai décidé de suivre tes pas à l'université de droit. Je voulais me prouver à moi et puis à papa et maman que je pouvais réussir aussi bien que toi, alors que j'aurais rêvé faire du dessin… Je peux pas parler au nom de toutes les femmes voilées mais ce qui est sûr, c'est que pour moi, ce voile, c'est une réparation… Tu vois en fait, c'est pas le souvenir d'une douleur ou d'une culpabilité, c'est le signe d'une mort et d'une renaissance. Tu sais ce qui me fait le plus mal ?

C'est pas Toufik qui connaît rien de la vie, mais plutôt le jugement de celles qui se disent les gardiennes des droits de toutes les femmes et qui ne m'acceptent pas telle que je suis. On croit souvent que c'est par culpabilité que je le porte mais c'est bien plus profond que ça ! Ça fait partie de moi maintenant. Je ne m'imagine pas sortir sans, je ne m'imagine pas travailler sans. Ce n'est même pas une question de pudeur parce que je suis convaincue qu'on peut être pudique sans être voilée…

— Tu penses tout de même que c'est nécessaire pour être une bonne musulmane ?

— Non, j'ai pas dit que le voile faisait partie de ma foi, sinon ça voudrait dire que je porte un jugement sur la foi de celles qui ne le portent pas. J'ai dit qu'il faisait partie de moi. C'est un accessoire auquel je suis attaché ni plus ni moins. Quand on prie, les femmes doivent se couvrir les cheveux. Le garder constamment, c'est comme si je prolongeais cet état de prière et de recueillement. Je me sens toute petite avec. Il faut se sentir tout petit pour prier Dieu et aimer l'humanité tout entière. Peut-être que, moi, j'ai besoin du voile pour goûter à cette Réalité alors que d'autres non.

— Pendant mon stage, j'ai observé une agressivité chez certaines militantes de la cause féminine concernant le port du voile. Comme si ça faisait écho à une douleur plus personnelle qu'elles voulaient faire porter à toutes les femmes voilées sans distinction.

— Si elles ont un problème avec elles-mêmes, il faut qu'elles le règlent chez un psy et pas sur un plateau télé. On ne peut pas comparer ma situation, moi Haya, jeune Française musulmane voilée avec celle d'une pauvre Afghane qui s'est fait défigurer par un taliban psychiatriquement atteint ! Je suis tellement fière d'être française. Je suis tout à fait consciente que ma nationalité est un atout quant à mon épanouissement spirituel. Je n'envie ni les Américaines ni les Indonésiennes ou les Saoudiennes, je regrette juste que la France se coupe de la force que représentent d'autres jeunes filles comme moi. C'est ça la laïcité, ou bien je n'y comprends plus rien !

— C'est clair… On a des parents qui, s'ils ont été un peu durs avec nous, c'était plus par maladresse que par méchanceté…

Elles se turent et restèrent quelques minutes absorbées par un reportage sur la déferlante des lissages brésiliens. Sarah, intéressée par cette technique de défrisage apparemment révolutionnaire, accourut au salon.

Une fois le sujet fini, elle rejoignit à nouveau, en silence, sa mère restée seule à la cuisine. Sans transition, la journaliste afficha une mine grave. Une jeune femme, starlette d'une télé-réalité, se trouvait entre la vie et la mort après une tentative de suicide. Hashtagée, instagrammée, tweetée et facebookée des milliards de fois, cette nouvelle avait rendu exsangue depuis la veille tous les Smartphone du pays.

Les sœurs ne s'en étonnèrent donc pas outre mesure et, après un soupir et une louange à Dieu en guise de compassion pour la jeune fille, reprirent leur discussion :

— Tu vois, quand j'ai vu Marie enveloppée de son long voile, je me suis dit que Dieu dans son immense Miséricorde avait fait don d'un enfant à une jeune fille qui n'avait pas connu d'homme. A-t-on seulement idée des préjugés dont elle a pu être victime ? D'apparence, ce n'était sûrement qu'une femme comme toutes les autres et peut-être qu'on aurait été nous-mêmes incapables de percevoir sa Toute Bénédiction. Pourquoi Dieu aurait-il choisi ce moyen-là pour nous envoyer une preuve de sa Grandeur ? Je pense que nous sommes toutes porteuses d'un indicible secret comme Marie. Ce monde nous malmène toujours autour des mêmes thèmes. Dans nos sociétés, religieuses ou non, le monstre né des jugements hâtifs et des préjugés n'a d'adversaire que l'image de cette Mère à la virginité pourtant intacte.

— Je me fais du souci pour Sarah, dit Sabah.

— Elle est dans une phase où elle se cherche. Elle va souvent à la mosquée avec ses copines…

— Je sais…

— Je ne la pousserai jamais à porter le voile, continua Haya. Je la pousse surtout à se remettre en question face à ses choix pour qu'elle soit bien certaine de les faire pour de bonnes raisons et pas sous influence. Surtout que, aujourd'hui, porter le voile, ça implique de plus en plus de sacrifices concernant l'intégration dans le monde du travail, dans la société. D'ailleurs, je crois que j'aurais plutôt tendance à l'en dissuader.

— C'est pas seulement ça qui m'inquiète... C'est aussi toutes ces histoires de Palestine et d'Israël qu'on lui met dans la tête.

— T'inquiète pas, c'est juste une phase. J'ai eu une discussion avec elle hier. Je lui ai dit que la meilleure des choses à faire en musulmane, c'était de prier pour la paix. Elle a commencé à me parler géopolitique et je lui ai demandé si elle avait plus confiance en ses analyses et son pouvoir de changer les choses qu'en la capacité d'Allah à changer la situation.

— Tu sais y faire toi, s'esclaffa Sabah.

— Je pourrais peut-être entamer une carrière de prêcheuse à la mode cainri.

— Tu ferais un tabac !

— Blague à part, mon seul regret, c'est d'être bloquée ici, chez les parents, avec Aïssa, sans savoir comment pouvoir subvenir seule à nos besoins. J'aimerais reprendre mes études, trouver un travail, avoir un petit deux-pièces, tranquille, où je pourrai élever mon enfant. Je peux pas rester éternellement comme ça chez les parents. Ton candidat converti là, peut-être qu'il voudrait d'une jeune et jolie mère voilée à épouser ?

— C'est mort, il est casé. Pourquoi tu ne t'inscris pas aux Beaux-Arts ?

— On m'a dit que le bizutage c'était chaud alors tu t'imagines pour une fille voilée !

Sabah éprouva un mélange d'amour, d'admiration et de peine pour sa petite sœur qui sentit les larmes lui monter au cœur. Et, comme pour lui dire son amour, lui avoua :

— Je regrette vraiment de ne pas t'avoir vue enceinte...

— Je pouvais pas revenir. J'avais pas envie d'imposer ça aux parents. Tu sais comment les gens parlent. Elle fit une mimique : « T'as vu la fille des Aït, elle est enceinte et elle est même pas mariée. »

— Ouais, je sais mais n'empêche que j'aurais bien voulu voir ma petite sœur avec un gros bide. C'était long un an sans toi. En tout cas, maman, elle a été trop choquée de te voir revenir avec le voile.

— Elle était dégoûtée tu veux dire de me voir comme ça ! Elle aurait tellement voulu que je suive tes pas. Je l'ai déçue la pauvre.

En tout cas, moi, je suis fière de toi, tu peux pas t'imaginer à quel point. Dommage, je serais encore plus fière si tu portais une belle burka.

— Arrête, prosélyte !

— J'rigole, la vieille.

Leurs éclats de rire réveillèrent sans doute le petit Aïssa qui se rendit directement dans la cuisine. Sa grand-mère le prit dans ses bras et l'embrassa en sortant de la poche extérieure de son Caddie les bonbons qu'elle lui avait promis avant qu'il ne s'endorme. Il les saisit et rejoignit les genoux de sa mère au salon.

Madame Aït Mansour rassembla ses filles en conseil de guerre à la cuisine.

— Il y a le jeûne du mois de Ramadan qui va bientôt commencer. Il faut faire des petits sachets qu'on va congeler pour la chorba, comme ça, y aura plus qu'à les plonger dans l'eau bouillante une heure avant la rupture.

Dans un joyeux remue-ménage, les trois filles se disputèrent les bottes de persil et de coriandre. La mère exigeait toujours de ses filles qu'elles se couvrent les cheveux lorsqu'elles cuisinaient pour des raisons d'hygiène. Elle alla chercher trois foulards dans sa chambre et chacune attacha le sien à la mode égyptienne ; en triangle sur la tête, noué une première fois sur la nuque puis un nœud final sur le front, un peu derrière la carnation de leur chevelure châtain clair.

*

Le candidat lui aussi commençait à penser au Ramadan qui approchait à grands pas. La nouvelle de sa conversion avait enfin éclaté. Comme s'il avait finalement toujours attendu ce moment. Il éprouva un sentiment de profond soulagement. Quelle que soit l'issue de l'élection, il n'aurait désormais plus rien à cacher. Combien de déjeuners avait-il dû faire sans toucher à son assiette et ce, sans que cela paraisse suspect. Quelle frustration avait-il pu ressentir lorsqu'on l'invita solennellement à inaugurer cette mosquée en banlieue sans que celui-ci puisse rejoindre les fidèles dans leurs prosternations à la fin des festivités protocolaires. Il avait décidé, dès sa conversion, d'embrasser entièrement le culte avec pour modèle le Prophète de l'islam, le Prophète Muhammad. Son père, loin de savoir que son fils reprendrait un jour son enseignement à la lettre, lui disait souvent : « Ne faire que la moitié d'un choix, c'est une des définitions du verbe mentir. »

Il priait et n'avait jamais fait l'impasse sur le jeûne du mois de Ramadan. Il s'était même inspiré de la dimension philosophique de la Zakat pour mettre au point une politique révolutionnaire économique et sociale. L'énoncé de certaines réformes lui valut le soutien populaire et, plus surprenant, l'enthousiasme de grands groupes industriels prêts à jouer le jeu.

Depuis plus de quinze années qu'il était musulman, rien n'avait réellement changé extérieurement. Sa femme, versée dans le feng shui et la bioéthique, avait établi des règles tellement strictes à la maison que sa pratique religieuse trouva un terrain déjà propice à la rigueur. Ils étaient tous sommés de retirer leurs chaussures dès l'entrée à la mode japonaise, ne buvaient pas d'alcool et ne mangeaient quasiment plus de viande pour des raisons à la fois sanitaires et éthiques. Il se faufilait quelquefois dans la file du volailler halal du marché pour acheter un poulet. Cela ne paraissait pas forcément étrange puisque beaucoup de non-musulmans consomment de la viande sacrifiée selon le rituel islamique. Il avait même décidé de le faire devant les caméras en plein débat sur la viande halal. Toute la communauté musulmane avait vu dans ce geste l'expression d'un soutien qui contribuait à mettre fin à une polémique qui n'aidait pas à construire une nation unie. Il se demanda un instant quel impact auraient ces mêmes images aujourd'hui.

Maintenant que la France savait la vérité, ses opposants n'hésiteraient pas à citer son nom comme preuve de la réalité d’un péril vert, de la conquête en marche de l’envahisseur islamiste. Il y aurait sûrement l’analyse pertinente d’un journaliste qui passerait une fois aux alentours de minuit sur une obscure chaîne du câble. Les interventions de politiques ou d’experts improvisés seraient alors servies en boucle aux heures de grandes audiences. Chacun donnant sa théorie sur les intentions réelles du Qatar, l’incompatibilité de l’islam et de la République, le terrorisme et les agents dormants d’Al-Qaida.

Depuis la prononciation de sa profession de foi, il n’avait pas réellement fréquenté la communauté musulmane. Sa femme lui avait fait remarquer qu’il était tout de même étrange qu’ils n’aient pas du tout d’amis musulmans pratiquants. Il n’avait jamais éprouvé ni l’envie ni la volonté de divulguer sa religion ni à son entourage professionnel ni même à ses amis les plus proches. En outre, il pratiquait ses cinq prières chez lui et ne s’était jamais rendu, en tant que fidèle, à une mosquée en France.

Il croyait au principe de laïcité et comptait bien profiter du droit à l’intimité. Ses parents, dans le déni le plus total, agissaient comme s’il ne leur avait jamais annoncé sa conversion et n’en parlaient donc jamais. Sa femme l’avait dit un jour à un de ses collègues au détour d’une discussion mais celui-ci refusa absolument de la prendre au sérieux. Elle prit ça pour un signe et se dit qu'il valait mieux ne plus aborder ce sujet.

C'est pendant un mois de Ramadan qu'il expliqua à sa fille et à son fils pourquoi il priait ainsi, sur un tapis. Sa fille avait alors 10 ans et son fils 7. Tous les jeudis, le candidat récupérait ses enfants à 16 h 30. Les autres jours, c'était une étudiante qui s'occupait d'eux de la sortie des classes jusqu'à l'arrivée d'un des deux parents. Le jour où cette tâche lui incombait, le candidat, gourmand de nature, avait fait du goûter un véritable cérémonial. Arrivé à la maison, il sortait du frigo la pâte à crêpe préparée la veille. Il tenait le secret de sa recette de l'emballage d'un paquet de farine et faisait croire à sa femme et à ses enfants qu'il l'avait héritée d'une vieille tante. Devant les enfants, il montait la chantilly qu'il parfumait lui-même à la vanille. Il sortait alors le saladier vide laissé au frais avec la crème liquide pour que la chantilly prenne facilement. Pour amuser la galerie, il manipulait les gousses de vanille fraîches comme s'il s'agissait de saintes reliques qu'il refusait que quiconque touche. Il faisait cuire une dizaine de crêpes avant de se mettre tous les trois à table. Chacun garnissait sa crêpe de tout ce qu'il voulait. Ils se régalaient à tel point que le soir, au dîner, il leur était difficile d'entamer leurs assiettes.

En période de jeûne, il maintenait ce rendez-vous hebdomadaire à la seule différence qu'il ne se servait pas. Cela intrigua sa fille Inès. Il lui expliqua qu'il jeûnait parce que sa religion lui imposait une période d'un mois où il ne devait ni boire ni manger, du lever jusqu'au coucher du soleil. Elle ne fut pas particulièrement surprise par ce qu'elle venait d'entendre et engloutit une cuillère de chantilly dans un simple : « Ah d'accord ! » Son fils observa juste que son camarade de classe était lui aussi un musulman. Le candidat savait que, au-delà des dispositions extérieures prises concernant leur éducation, le plus important passait par l'attitude magnanime et exemplaire qu'il devait leur donner à voir en l'étant sincèrement en toutes circonstances.

Depuis qu'il était entré en politique, le couple avait clairement décidé de ne pas user de la position sociale et politique pour jouir de privilèges comme celui de faire entrer leurs enfants dans tel établissement plutôt qu'un autre. Ils feraient comme la majorité des Français. Du primaire au secondaire, ils feraient toutes les inscriptions en public. Ils ne sacrifieraient pas leurs enfants au nom de leurs idées, mais ne chercheraient pas non plus à faire d'eux autres choses, en matière de formation intellectuelle, que les produits de l'Éducation nationale.

Dans l'esprit et le cœur du candidat, la supériorité de la volonté sur le pouvoir n'était plus à prouver. Si la pratique du jeûne lui avait enseigné quelque chose, c'était bien cela. Se retrouver devant une gaufre dégoulinante de chocolat fondu avec de la chantilly (surtout avec de la chantilly) et ne pas y toucher était selon lui l'expression même de la suprématie de la volonté sur les êtres, les choses et les événements.

À chaque coucher du soleil, il demandait à Dieu d'accepter son jeûne et formulait son intention de jeûne pour le lendemain. Chaque matin, avant la prière de l'aube, il prononçait ces paroles : « Dieu, fais-moi goûter à la joie du pauvre qui s'acquitte d'une dette à la fin de cette journée. Que ma rétribution profite à tous les êtres de ce monde. Ton secret est vivant et Tu es le meilleur des alliés. Fais de la France une Nation exemplaire, un phare pour le monde entier. Amîne. »

Un grand maître musulman marocain dit un jour à ses disciples que la dernière chose qui s'arrache au cœur du cheminant, c'est le désir de pouvoir. Peut-être est-ce parce qu'il est l'illusion par excellence. « Nous sommes tous soumis », se dit-il. Tous musulmans en un sens. La mort tôt ou tard nous fait courber l'échine. Qu'avons-nous pu faire le jour de notre naissance si ce n'est venir au monde ? Qu'allons-nous faire le jour de notre mort si ce n'est quitter ce monde ? C'est sans doute pour cela que le suicide est le pire des péchés dans toutes les religions révélées. Il est le refus de la soumission. La mort programmée est un coup d'État sur le seul réel pouvoir en place, celui de Dieu qui dit : « Que la lumière soit ! »

Comme beaucoup de gens, le candidat était horrifié par le carnage provoqué par les attentats-suicides. Il était révolté contre les commanditaires de tels actes. En tant que musulman, il ne put s'empêcher de se dire que s'ils ne tenaient pas leurs ordres de Dieu lui-même (et ils ne les tenaient évidemment pas de Lui !), il leur fallait craindre pour eux l'enfer qu'ils faisaient vivre aux autres.

« Quiconque ôte la vie à un seul être humain innocent est comme le meurtrier de l'Humanité tout entière. Quiconque sauve la vie d'un seul être humain est comme le sauveur de l'Humanité tout entière. »

(Coran V, 32)

Pour qui se prenaient-ils donc pour porter des jugements implacables sur qui devait ou non entrer au paradis si ce n'est parce qu'ils se prenaient eux-mêmes dans leurs esprits torturés pour Dieu lui-même ?

Les actes ne valent que par leurs intentions, mais une mauvaise action restait une mauvaise action et le contexte n'y pouvait rien. Tuer un innocent même aux noms des injustices faites aux musulmans restait un meurtre et Dieu n'exhorte jamais au meurtre. Et, de la même manière, une bonne action n'était définitivement scellée que par le sceau de l'intention pure. La qualité d'un don était toujours égale à la qualité d'intention du donneur. Ainsi le geste de quelqu'un qui donne un objet abîmé pour s'en débarrasser ne peut avoir la même valeur que le geste de quelqu'un qui donne un objet en bon état dans l'intention sincère qu'il puisse servir à quelqu'un d'autre.

L'injustice naît là où le bon sens prend fin.

*

L'année précédente, toujours lors du mois de Ramadan, le candidat reçut, par l'intermédiaire du maire de la commune, l'invitation très officielle d'un groupe de jeunes musulmans pour la rupture du jeûne dans une mosquée d'un quartier sensible de Seine-Saint-Denis. Il tenait à s'y rendre seul, sans aucune délégation et sans caméra. Ce fut difficile à mettre en place car le candidat était déjà très médiatisé, si bien que cela faillit ne pas se faire. Il arriva donc simplement en taxi la veille de l'Aïd. Le chauffeur qui ne l'avait pas reconnu le déposa près d'un arrêt de tramway où l'attendaient le jeune Karim, Français d'origine chinoise converti, et quatre amis du quartier. Ils avaient simplement échangé les numéros de téléphone via un mail. Bizarrement, le candidat se sentait en parfaite confiance avec ce jeune Karim qui tint sa promesse et ne parla de sa venue qu'à trois de ses proches camarades. Ajaï, d'origine mauricienne, Amir, d'origine tchétchène, et El Hadj, d'origine sénégalaise, tous plutôt bien bâtis. Karim, visiblement sous pression, comptait sur eux, sans le présenter ainsi au candidat, pour assurer officieusement la sécurité de leur illustre hôte. Le candidat voulut détendre l'atmosphère. Il tapa sur l'épaule d'Amir qui les dépassait tous de deux têtes en disant : « Aie confiance en Dieu mais attache ton chameau ! » Tous se mirent à rire. Ils traversèrent deux cents mètres sans croiser personne. Plus loin, quelques mères profitaient de la fraîcheur de cette fin de journée du mois d'août pour laisser leurs enfants courir torse nu autour du bac à sable. L'heure de la rupture approchant, la plupart des familles dressaient la table. Les quartiers en été vivent au rythme espagnol alors, jeûneurs ou pas, les marmites ne se mettent à chanter qu'à la tombée de la nuit.

Ils entrèrent dans la mosquée de la cité installée dans une ancienne supérette rachetée grâce aux dons des fidèles et réaménagée en lieu de prière. Elle n'était pas très grande, à peine une cinquantaine de mètres carrés mais pleine à craquer. Des hommes nombreux vinrent le saluer chaleureusement avant même qu'il n'eût le temps d'ôter ses chaussures. Il pénétra dans la salle de prière et alla saluer aussi humblement qu'il le put l'imam, interloqué par sa présence, qui se préparait à diriger la prière.

— Bonsoir, monsieur.

— Bonsoir, monsieur le président ! Quel bonheur de vous voir dans ma mosquée. Mais que me vaut cet honneur ?

— C'est gentil de m'appeler président... Je ne le suis pas encore... Je le serai peut-être... Je l'espère... Mais... Enfin... C'est Karim que vous voyez là qui m'a invité à partager le dernier repas avant la fin de ce mois béni.

— Très bien, très bien...

L'imam était visiblement surpris et troublé de voir l'une des personnes les plus médiatisées de France – qui avait retiré ses chaussures et sa veste, se tenir là devant lui tout sourire sans la présence de la moindre caméra.

Un jeune homme d'une trentaine d'années fit l'appel à la prière. El Hadj apporta une assiette de dattes. Amir distribua des gobelets en plastique qu'Ajaï remplit au fur et à mesure de lait. Le candidat, qui jeûnait sans qu'évidemment ses hôtes ne le sachent, pria qu'on ne l'oublie pas. On lui donna un verre de lait et trois dattes bien charnues qu'il savoura. Chez lui, il rompait le jeûne de la même manière mais avec du lait de brebis pour être le plus près de ce qu'avaient pu vivre le Prophète de l'islam et ses compagnons. Il prit place au fond de la mosquée en attendant la fin de l'office. Il avait fait ses ablutions avant de sortir de chez lui mais ne put se joindre à leurs génuflexions. Il regardait les rangs serrés, le dos et les nuques de ses frères musulmans. En même temps que l'imam, il récitait les sourates intérieurement. Les derniers versets qui furent prononcés à voix haute furent ceux de la sourate 49 verset 13.

« Ô hommes ! Nous vous avons créés d'un mâle et d'une femelle, et Nous avons fait de vous des nations et des tribus, pour que vous vous entre-connaissiez. Le plus noble d'entre vous, auprès d'Allah, est le plus pieux. Allah est certes Omniscient et Grand Connaisseur. »

Au salut final de fin de prière, les croyants s'embrassèrent. Karim et ses trois amis installèrent plusieurs grandes toiles cirées pour servir les plats. La pièce fut coupée en deux par ce banquet autour duquel deux rangées d'hommes se faisaient face. Le candidat fut placé au centre. À sa droite Karim, à sa gauche Amir. Des bols de soupes et des feuilles de brick furent posés devant eux. Face à lui, l'imam l'invitait toujours à se resservir. À cinq personnes d'intervalle sur la gauche de l'imam, un homme avait gardé ses distances avec le joyeux accueil réservé à l'invité du jour. Il n'avait pas voulu saluer le politicien comme pour marquer son détachement de ce qu'il vivait comme une intrusion mondaine. Cet homme d'une petite quarantaine d'années était accompagné de ses deux fils de 14 et 12 ans. Il portait une barbe élégante et une abaya[1] blanche. Il interpella le candidat après que l'imam eut exprimé le regret de ne pas avoir de salle de prière à disposition des femmes.

« Comment voulez-vous qu'il nous comprenne, il n'est pas musulman. Il est juste venu à la pêche aux voix pour l'élection comme tous les autres. C'est Dieu Le Très

1. Chez les musulmans, habit mixte traditionnel se présentant comme un large vêtement porté au-dessus d'une autre tenu.

Haut qui subviendra à nos besoins et pas une simple créature qui n'a rien de plus que vous et moi. Soyez assidus dans votre pratique et Dieu vous exaucera, c'est facile pour Lui. Si vous mettez votre foi dans la politique plutôt que dans votre religion, craignez le feu. "Il n'y a de puissance et de force qu'en Allah." Dieu le Très Haut a dit Vrai. »

Certains, grisés par les paroles de l'homme, approuvèrent bruyamment. Le candidat, sans se décontenancer, finit calmement d'avaler la feuille de brick qu'il avait en bouche. Il prit ensuite une serviette en papier, la passa sur ses lèvres et interpella l'homme à son tour :

— À qui ai-je l'honneur, monsieur ?

— Je m'appelle Abd Ar Rahim Helmi ! dit-il fièrement.

— Eh bien, savez-vous ce que je ferais si j'étais musulman, Monsieur Helmi ?

Abd Ar Rahim surpris par la question acquiesça sans comprendre où le candidat voulait en venir.

— Moi, musulman, je prierais mon Seigneur chaque jour avec la crainte que chacune de mes prières pût s'avérer être la dernière.

» Moi, musulman, je verrais en chaque homme que je ne connais pas un parfait adorateur potentiel.

» Moi, musulman, je ne gonflerais pas ma poitrine d'orgueil dans une assemblée parce que Dieu préfère toujours les humbles aux orgueilleux.

» Moi, musulman, je saluerais quiconque foule la maison du Seigneur car il se peut que même s'il est mendiant ou monarque nous puissions tirer de ce visiteur un enseignement.

» Moi, musulman, je craindrais que la satisfaction de ma propre science en matière de religion finisse par me précipiter dans l'ignorance et m'éloigne de la Vérité.

» Moi, musulman, je prendrais comme prénom Abd Ar Rahman car, le jour du jugement, quel homme se vantera de s'être sauvé lui-même sans l'intervention de l'infini Miséricorde de Dieu. Si cet homme existe, qu'on me l'amène ici même en cette veille d'Aïd el Fitr.

» Moi, musulman, je pratiquerais ma religion avec ferveur mais en prenant garde à l'ostentation.

» Moi, musulman, je me montrerais vigilant avec moi-même et indulgent envers les autres.

» Moi, musulman, je me ferais le rappel des histoires du Prophète de l'islam et de tous les autres prophètes qui l'ont précédé pour comprendre que dénigrer la partie, c'est vicier le tout.

» Moi, musulman, je parcourrais la terre entière pour percer le secret de l'Unicité et fuirais la discorde.

» Moi, musulman, je fuirais les discours séditieux qui ne sont pas toujours garants d'intentions justes.

» Moi, musulman, je ne pratiquerais pas par obligation mais par obligeance. C'est une nuance pour rappeler qu'il n'existe de noblesse que dans la servitude et que, lorsqu'on ignore cette réalité, la soumission devient un asservissement.

» Moi, musulman, je ne pourrais ni tuer, ni blesser un être créé par Dieu.

» Moi, musulman, je passerais des nuits à me demander si le Prophète Muhammad en disant “Ma Communauté” n'avait pas voulu désigner en ces termes l'humanité tout entière.

» Moi, musulman, je prendrais garde à ne pas ouvrir le Saint Coran avec comme intention d'y trouver de quoi nourrir mes propres desseins égoïstes, mes rancœurs et mes frustrations car pour sûr j'y trouverais ce que j'y cherche. Je reformulerais mon intention à chaque lecture, à chaque sourate, à chaque verset car, si mon intention est la vengeance, la guerre et la haine, j'y puiserai les arguments pour assouvir ma folie passionnée. Si mon intention est d'y trouver l'inspiration, le partage, le soutien, la paix et l'amour, j'y trouverai également ce que je souhaite.

» Moi, musulman, je respecterais scrupuleusement les lois de mon pays, en l'occurrence celles de la République. Le respect des lois est une des conditions de l'épanouissement spirituel d'un croyant car le cheminement réel ne peut se faire hors de la société.

» Enfin, moi, musulman, je viendrais chaque vendredi prier avec vous dans cette mosquée et comme nous l'a rappelé très justement notre ami Abd Ar Rahim, je demanderais à Dieu qu'il nous facilite l'acquisition d'une salle de prière pour les femmes.

Les hommes s'amusèrent d'abord du discours du candidat puis turent leur sourire dès qu'ils virent les premières larmes couler sur le visage d'Abd Ar Rahim.

Le Pèlerinage

Une rumeur sourde se fit entendre dans les bureaux voisins. Le candidat tendit l'oreille. L'équipe de campagne investissait le QG, timidement, sans savoir s'il fallait ou non le déranger. Désormais, plus rien n'allait être comme avant, plus rien ne pouvait être comme avant et il décida de repousser encore un peu plus ce moment fatidique où il lui faudrait affronter le regard de tous. Comment son chargé de campagne Karim le percevrait-il à présent ? Lui qui prenait toujours à cœur d'assumer avec zèle le fait qu'il ne pratiquait pas, comme pour montrer éternellement patte blanche à une figure tutélaire horriblement fantasmée. Comment se percevrait-il lui-même ? Son appréhension le fit même se demander comment réagiraient ses amis juifs.

Dans un seul mouvement, il passa ses deux mains sur son visage puis dans ses cheveux. Une de ses mains s'immobilisa en un point précis de sa tête. À cet endroit, une cicatrice lui rappela l'année 1998 et pour cause. C'était l'année de sa conversion.

Il s'était cogné contre la porte d'un élément de cuisine fixé en hauteur. Il avait réparé ce jour-là une dalle de carrelage, avait fini de ranger ses outils dans leur caisse et s'était relevé brusquement alors que la porte du placard haut était malencontreusement restée ouverte.

Le médecin dut le raser complètement pour pouvoir nettoyer correctement la plaie et recoudre son crâne. Les soins terminés, il s'était mis debout et s'était senti plus léger sûrement comme un bélier sans sa toison. Le soir même, son épouse se moqua de lui en boucle, sans discontinuer, en soulignant, inspirée, que puisqu'il avait désormais la même coupe de cheveux que dans la pub Chaussée Aux Moines, il lui fallait également dans la lancée respecter le même vœu de chasteté. Cela le fit beaucoup rire.

Pendant qu'ils dressaient ensemble la table du dîner, le téléphone sonna. Virginie, la mère de Yacine, leur annonça la mort de son fils, leur ami. Elle n'en dit pas plus quant aux circonstances du décès et lui trouva déplacé de la pousser à donner davantage de détails. C'est complètement choqué qu'il raccrocha. Il pria calmement sa femme de s'éloigner un peu de la table où était déjà installée leur petite fille de 3 ans et lui annonça à son tour la terrible nouvelle. Sa surprise fut d'autant plus grande qu'ils s'étaient parlé au téléphone à peine une quinzaine de jours plus tôt.

Le lendemain matin, ils déposèrent la petite aux grands-parents et prirent l'avion un peu avant midi. Il s'agissait de leur second voyage au Maroc. Ils y étaient déjà allés en 1995, invités par le même Yacine à passer deux semaines dans sa ville natale de Fès mais, cette fois-ci, son invitation était d'une tout autre nature. Le voyage fut pénible.

Avec sa nouvelle dégaine de fugitif, la police à Orly prit plus de temps à examiner ses papiers avant l'embarquement. Et, une fois dans l'avion, sa femme enceinte d'un mois multiplia les allers et retours aux toilettes. Lui n'avait quasiment pas fermé l'œil de la nuit, écrasé par le choc de la nouvelle. De plus, l'inconfort que lui procura le frottement de l'oreiller sur la peau nue de son crâne et l'appréhension de toucher la plaie lui firent faire d'affreux cauchemars, pendant les courts instants où il s'assoupissait. Tous les deux avaient pensé se reposer un peu durant ces deux heures et quelques de vol mais pendant tout le trajet, la même question les tarauda tous les deux jusqu'à l'obsession : qu'était-il réellement arrivé à Yacine ?

*

Lundi 6 avril 1998.

Ils débarquèrent à l'aéroport de Fès en début d'après-midi. Un homme les y attendait. Si Mimoun, le chauffeur des parents, était à vrai dire un membre à part entière de la famille. On pouvait comparer sa fonction à celle d'un majordome. Yacine le considérait d'ailleurs lui-même plus comme un oncle que comme un employé. Sa carrure imposante lui conférait un charisme certain. Il portait toujours une chemise à manches longues sous ses tuniques à la mode marocaine. Amateur de parfums rares, il rêvait de pouvoir fabriquer un jour lui-même ses propres fragrances. Il s'exprimait dans un français impeccable, roulait les « R » et se revendiquait champion toutes catégories en épluchage de figues de Barbarie. C'était lui déjà qui les récupéra à l'aéroport trois ans plus tôt.

Il vint à leur rencontre sans aucune hésitation. Comme il convient de le faire au Maroc, il accueillit l'époux d'une poignée de main chaleureuse tout en l'embrassant énergiquement, et salua l'épouse en posant sa main droite sur le cœur et en inclinant la tête tel un chevalier servant. Il versa quelques larmes et leur dit en affichant une mine d'impuissance : « C'est le jour de l'arrivée et le jour du départ… *Al Hamdullilah* ! »

Ils se dirigèrent tous les trois vers la voiture, un imposant 4 × 4 noir devant lequel se tenait un jeune homme, la peau comme échaudée par l'inévitable patience. Si Mimoun tendit quelques pièces sans dire un mot à ce gardien de fortune au regard absent et aux claquettes en Nylon. Une fois installés, et presque sans transition, ils eurent enfin droit aux réponses qu'ils attendaient.

« Il était malade depuis un moment déjà. Il avait une tumeur au cerveau et il a voulu prendre le risque d'une opération. Yacine a toujours voulu protéger sa mère en minimisant le mal dont il souffrait et les mesures à prendre pour y remédier. Il est encore à l'hôpital, tenu artificiellement en vie mais tout est fini… » Il s'adressa à la femme en la regardant dans le rétroviseur.

« Je pense que monsieur Ben Youcef compte sur votre expérience de médecin et le lien particulier que vous avez avec son épouse pour l'accompagner au mieux dans les derniers gestes qu'il convient de faire en de telles circonstances. Nous allons rouler jusqu'à Rabat. Monsieur et madame Ben Youcef sont auprès de leur fils. »

Il leur acheta dans une épicerie deux grandes bouteilles d'eau Sidi Ali bien fraîches avant de prendre la route.

Ils comprirent tous les deux la situation. Yacine était en état de mort cérébrale. Nathalie, la femme du futur candidat, avait tissé des liens forts avec Virginie tout au long de ces années. Elle se souvint de son voyage en France pour s'assurer que son fils était bien installé pour sa première année de fac. Elle repensa à la confidence qu'elle lui fit sur la frustration de n'avoir eu qu'un enfant sans savoir pour quelles raisons elle n'était plus jamais tombée enceinte. Lorsque Nathalie finit ses études en même temps que Yacine, c'est à elle et non à son fils qu'elle demandait conseil pour ses petits tracas de santé. Il était évident qu'elle voyait en elle la fille qu'elle n'avait jamais eue. Elles s'appelaient environ une fois par mois pour s'enquérir l'une de l'autre. Elles s'envoyaient même des paquets sans raisons particulières. Nathalie, en spécialiste de thé, lui faisait joindre ses nouvelles trouvailles tandis que la mère de Yacine la ravitaillait en épices fraîchement moulues et en huile d'argan. Le futur candidat lisait une profonde tristesse dans le regard de sa femme, mais se disait aussi que, s'ils avaient perdu un ami cher, une mère et un père venaient de perdre leur unique enfant.

À l'hôpital, lorsque Nathalie était étudiante, la mort n'était rien de plus qu'une curiosité macabre. Et, avec les années, elle devint une routine. Une annonce pendant les transmissions avec le personnel infirmier et les aides-soignants. Une annonce qui, avec le temps, finit par devenir moins gênante qu'un mauvais café. Une nouvelle qui impliquait simplement la libération d'un lit et donc une autre admission. Mais cela ne l'empêchait pas d'être profondément affectée par le décès de certains patients très jeunes et par le désespoir de parents endeuillés.

Malgré son expérience, la situation était inédite. On faisait appel à elle pour débrancher son ami le plus cher. Son mari sentait presque physiquement son appréhension. Elle était nerveuse et sa grossesse n'arrangeait pas les choses. Si Mimoun avait dû se ranger précipitamment dans la bande d'arrêt d'urgence, à quelques kilomètres de Rabat, où elle vomit toute l'eau et les graines de tournesol qu'elle avait bue et mangées durant le voyage.

Ils arrivèrent devant l'hôpital de Rabat en fin d'après-midi. La douceur d'un vrai printemps leur fit du bien en dépit du drame qui les menait jusque-là. Si Mimoun parla quelques instants aux deux jeunes filles en charge de l'accueil des visiteurs. Puis l'une d'entre elles demanda à Nathalie de bien vouloir la suivre.

Elles se dirigèrent dans la direction opposée de celle que Si Mimoun et le futur candidat prirent ensuite. Ils revêtirent des charlottes, des blouses et des chaussons pour pénétrer dans le service de réanimation. Si Mimoun entra seul dans la pièce où les parents se tenaient au chevet de leur fils. Il en sortit avec le père aux traits tirés par la fatigue d'une nuit sans sommeil. Ils se prirent dans les bras.

« Je suis désolé de vous voir dans de telles circonstances mais je sais à quel point mon fils vous aimait, votre femme et vous. C'est lui qui a demandé de solliciter la présence de votre épouse si les choses devaient mal tourner. Il savait qu'elle saurait y faire avec sa mère dans ce cadre qu'elle connaît bien. Je sais que ce n'est plus mon fils qui est allongé sur ce lit. Il n'est déjà plus là mais sa mère ne veut pas l'entendre. »

Il ne put retenir davantage ses larmes et se mit à pleurer silencieusement, plaçant l'index et le pouce de sa main droite en pression sur les coins intérieurs de ses yeux fermés. Le bras gauche bringuebalant, il se laissa tomber sur l'un des bancs du couloir qui se trouvaient derrière lui. Il y resta assis à peine une minute, les deux mains sur le visage puis se releva dans une profonde inspiration. Il s'entretint en arabe avec Si Mimoun, après quoi ce dernier se dirigea vers la sortie dans une hâte retenue. Puis, monsieur

Ben Youcef pénétra à nouveau dans la chambre. On entendit, l'espace de quelques secondes, le bruit des machines qui permettaient à Yacine de respirer. Un spasme prit le futur candidat. Il sentit la douleur de sa blessure à la tête le lancer. Il sortit une plaquette d'anti-inflammatoires de sa poche et en avala deux l'un après l'autre qu'il fit passer avec la Sidi Ali tiède gardée avec lui tout le long du voyage.

La veille, à la même heure, rien ne laissait présager qu'il serait le lendemain au Maroc, dans un hôpital de Rabat, à la porte d'une pièce, où son ami de fac, allongé sur un lit s'apprêtait à quitter définitivement ce monde. Il n'aimait pas cette partie de la conscience où le plongeait l'odeur de l'éther. Le malaise, la peur et la douleur régnaient dans ces couloirs en maîtres absolus.

Tous les services hospitaliers prenant en charge des traumatismes physiques ou des pathologies graves étaient soumis aux mêmes lois. Autant de gestes et de protocoles qui finissaient par constituer un même folklore. Un monde à part, lui disait souvent Nathalie. La vie prenait ici toute sa dimension de champs de batailles. C'était, selon elle, la raison pour laquelle, hors de ces murs, certains de ses collègues éprouvaient un besoin insatiable de récréations. Ils n'avaient encore jamais perdu d'ami ni l'un ni l'autre.

Pendant ce temps, son épouse s'entretenait dans une pièce du premier étage avec le neurochirurgien qui avait opéré Yacine, le médecin en charge de l'anesthésie et une infirmière du service de réanimation. Elle lut le compte rendu opératoire et demanda qu'on lui apporte une blouse blanche. Elle ne se sentait pas à l'aise sans son vêtement d'officier dans cet hôpital de campagne.

Depuis que Si Mimoun leur avait expliqué à son époux et à elle que c'était Yacine en personne qui avait souhaité sa présence, la force du devoir l'emportait sur son chagrin. Elle enfila sa blouse, noua ses cheveux en chignon à l'aide d'un élastique qu'elle gardait toujours autour du poignet droit et eut quelques mots pour le chirurgien qui malgré une attitude très protocolaire peinait à cacher une forme de culpabilité. « Vous avez fait ce qu'il fallait. Rentrez vous reposer, vous en avez besoin. Si vous me le permettez, docteur, je prends le relais pour la suite avec le reste de votre équipe. » Ces paroles détendirent le chirurgien et libérèrent sa nuque et ses épaules d'une tension qui lui donnait jusque-là un air d'assurance déplacée. Elle connaissait bien l'état que traversait cet homme. La fatigue accumulée aux soucis d'une vie à la fois ordinaire et tout à fait singulière. Entre diagnostics et pronostics vitaux, le devoir de guérir son semblable. Et manquer à ce devoir n'était jamais sans conséquence. Il la remercia très maladroitement comme un enfant qu'on aurait finalement renoncé à punir. Il fit un salut général aux personnes présentes et se dirigea vers le vestiaire.

Elle demanda à l'anesthésiste de la suivre et désigna également une infirmière.

Le futur candidat entendit des pas dans le couloir et les vit s'avancer tous les trois. Elle s'adressa à son mari, assis :

— Tu n'as pas encore vu les parents de Yacine ?

Il la regarda dans sa tenue de gradé, mue par cette assurance que seule l'expérience octroie.

— Si, j'ai vu son père mais je ne suis pas encore entré. Alors, que va-t-il se passer ?

— C'est fini… Je suis juste là pour soulager un tant soit peu la maman de Yacine quand on va le débrancher. Elle me fait confiance, tu comprends… Viens, il faut que tu lui dises au revoir.

— Je pense que je vais rester là.

— Tu dois venir avec moi.

Il savait qu'elle avait raison. Elle expliqua aux soignants qu'elle leur ferait signe d'entrer au moment voulu. Elle ouvrit la porte. Ils entrèrent tous les deux. Lorsque la mère vit Nathalie, ses sanglots s'intensifièrent comme pour formuler un dernier appel au secours ou acter une ultime défaite face aux assauts incessants du désespoir qui s'acharnait sur son corps. Elle posa un regard sans mémoire sur l'ami de son fils puis fixa Nathalie qui se tenait accroupie devant elle en lui tenant les mains.

— C'est difficile, n'est-ce pas ?

— Oui, c'est mon fils qui est là !

— Tout le monde a tout fait pour que les choses se passent bien, Yacine le premier.

— Pourquoi ne m'a-t-il pas dit que c'était grave !

— Parce que l'idée que vous puissiez être dans l'état dans lequel vous êtes maintenant lui était insupportable. Il a pris des risques en connaissance de cause pour guérir et ne jamais avoir à vous l'annoncer.

Elle continua à pleurer mais de manière plus contenue. Chaque phrase prononcée par Nathalie enlevait un peu du poids qui l'écrasait. Elle reprenait contact avec le réel. Le futur candidat regardait la scène du coin de la chambre. Voyant ce corps inerte, il saisit le sens de la phrase prononcée plus tôt par le père qu'il avait trouvé dur. « Ce n'était plus lui ! » avait-il dit. Ce détachement le stupéfia. Pour la première fois de toute son existence, il vit devant lui l'illustration de ce qu'il avait lu à maintes reprises dans des ouvrages d'ésotérisme religieux sur les corps comme véhicule de l'âme.

— Ce sont les machines qui donnent l'illusion qu'il est en vie mais son cerveau ne répond plus du tout.

En pareil contexte, la délicatesse de ton employé par le médecin ajoutait une lourdeur à l'atmosphère, mais Nathalie savait exactement le rythme à donner aux mots qu'elle articulait les uns derrière les autres. Elle secoua les mains de madame Ben Youcef et la fit se lever en même temps qu'elle, avec fermeté.

— Yacine ne voudrait pas qu'on le laisse dans cet état et vous le savez, n'est-ce pas ?

— Oui, je sais... Je pourrais l'embrasser une fois que son visage sera débarrassé de tout ça ?

Elle désigna sur son propre visage l'emplacement du masque d'intubation.

— Bien sûr. Allez-y.

Nathalie confia le bras puis l'épaule de la femme à son mari qui la fit s'avancer jusqu'au lit. Elle caressa de sa paume puis embrassa la main droite de son fils.

— À tout de suite, Yacine, maman est juste à côté. Je vais revenir.

Père et mère sortirent, et quittèrent le service de réanimation pour la salle de repos. Avant même que la porte ne se referme derrière eux, l'anesthésiste et l'infirmière entrèrent. Ils suivirent le protocole de débranchement en présence de Nathalie et du futur candidat. Lui, n'avait pas bougé de sa place.

Il ne savait ni quoi dire ni quoi faire, subissant seulement la gravité du lieu et du temps. Elle retira sa blouse et se tint à ses côtés en silence.

Quelqu'un d'autre les raccompagna à Fès au volant de la même voiture. Un homme d'une quarantaine d'annécs dont la conduite était plutôt sportive. Nathalie, plus gênée par ce qu'il dégageait que par son penchant pour la vitesse, grimaça.

Si Mimoun était resté à l'hôpital. Il tenait à se charger du lavage rituel du corps. Il ne supportait pas l'idée que son enfant, comme il disait, puisse se retrouver entre les mains d'un étranger pour ces derniers instants chez les vivants.

Les arbres au bord de la route ressemblaient à des pèlerins en marche. Quelque chose se passait à l'intérieur du candidat. Sa vie entière lui parut comme un jeu de piste qui l'avait mené jusque-là. Son questionnement sur la mort et l'existence de Dieu se faisait abysse. Il se retrouvait plongé dans des scènes ancestrales où les vivants parlent aux défunts.

Entre rêve et réalité, en total délire dans ce désert d'ombres et de questions. Il n'éprouvait pourtant aucune angoisse, son souffle se fit court. Habituellement, la raison était la mesure du bonheur qu'il connaissait, mais son cœur à cet instant était le seul hémisphère qui baignait dans la lumière. Et pourquoi les états qu'il traversait en tant qu'homme devaient-ils toujours être tributaires d'appréciations rationnelles ? Les situations, les événements, les nouvelles ou les performances, tout n'était vu quotidiennement que par cet œil de chair. Mais, aujourd'hui, le hasard n'existait plus. Tout devenait signe, alors qu'il n'avait jamais recherché de présage. L'évidence se faisait claire.

Des nuits et des jours de lectures fiévreuses à rêver de présence divine, comme un pauvre affamé lisant le menu d'un restaurant étoilé. S'asseoir à une de ces tables ne lui avait jamais effleuré l'esprit, jusqu'à ce jour. Nous ne pouvons pas vivre juste pour naître et mourir. N'était-il pas possible de faire l'expérience pure et simple de Dieu ? Il réalisa qu'avant ce jour il ne s'était jamais formulé sa quête en des termes aussi blancs.

Ils arrivèrent à Fès dans la nuit. Sa femme, exténuée, avait dormi tout le trajet. Le chauffeur klaxonna. Leïla, la jeune fille d'une vingtaine d'années qui aidait Virginie à la cuisine, arriva à petits pas courus pour ouvrir le portail. Elle les accueillit chaleureusement et les installa dans une chambre du premier. Elle ne parlait ni ne comprenait le français. Elle dit au futur candidat, en mimant, de descendre manger. Il lui répondit par la négative en montrant son épouse qui cherchait son pyjama dans leur unique petit bagage à main. Il fit un geste de ventre de grossesse en essayant de mimer un état nauséeux. Elle sourit en lui disant : « Bibi ? Mêziène ! Mabrouk ! »

Cinq minutes après, alors que Nathalie prenait une douche, Leïla vint leur déposer deux infusions, deux grandes galettes de blé dur, de l'huile d'olive dans une assiette creuse accompagnée d'un petit pot de confiture de figues et de gingembre que madame Ben Youcef confectionnait elle-même. Cette petite collation fut finalement la bienvenue. Nathalie engloutit une galette et demie qu'elle badigeonna généreusement de confiture. Le couple était si fatigué qu'ils ne se parlèrent quasiment pas et allèrent se coucher sans même redescendre le plateau.

Le futur candidat commençait à s'endormir. L'odeur de la maison le ramena quelques années en arrière, sur la butte Montmartre, au marché Saint-Pierre. C'était l'odeur du tissu que les vendeuses entaillaient avec une grosse paire de ciseaux ou avec les dents pour celles de la vieille école, puis le déchiraient rapidement en écartant les bras de toute leur largeur.

Alors qu'il se rendait à un colloque à Paris au mois de novembre, sa mère l'avait prié de s'y rendre pour lui acheter du tissu. Quatre mètres floqués dans l'esprit de Noël pour confectionner la nappe du repas du réveillon prochain et deux mètres d'au moins deux modèles différents pour faire des torchons et éventuellement des petites sacoches qu'elle garnirait de friandises pour les enfants.

Il commença à s'endormir avec en tête le majestueux Sacré-Cœur, énumérant le nom des prophètes que cette pierre blanche lui inspirait comme une réminiscence à la fois du catéchisme et des brefs cours d'histoires de son inoubliable vieux camarade juif du bus. Il se laissa doucement happer.

Nathalie fut extirpée de son sommeil ; elle pensa d'abord que l'appel à la prière du lever du jour l'avait réveillée avant d'entendre son mari pleurer. C'était lui qu'elle avait commencé par entendre appeler. Comme il lui donnait son dos, elle l'entoura de son bras droit, ne l'embrassa pas de peur de faire un mouvement brusque et de toucher sa blessure à la tête. Elle le consola, persuadée que la mort de leur ami était l'unique raison de ses larmes.

En vérité, quelque chose s'était passé en lui. Quelque chose que nulle oreille ne pouvait entendre. Quelque chose que nulle oreille ne devait entendre. Ce qu'il venait de vivre l'anima d'une émotion qu'il n'avait jamais connue. Un frisson le parcourut tout entier avant de se changer en calme parfait. Une évidence avait jailli du plus profond de son être.

Vers 4 h 30, la voiture des parents franchit le portail peu de temps après l'appel du muezzin. L'envie de dormir lui étant totalement passée, le futur candidat prit une douche rapide pour ne pas prendre le risque de réveiller sa femme et descendit dans le grand salon. Il voulut prendre place sur le sédari[1] lorsqu'il vit que le père de Yacine s'y était installé.

Celui-ci, le voyant reculer en s'excusant, le pria de rester et de s'asseoir à ses côtés. L'élégance de cet homme âgé d'une soixantaine d'années lui donnait un authentique charisme. Il portait un épais manteau de laine marron foncé. Une large capuche sur la tête, il avait rabattu la partie qui touchait le front en un pli extérieur. Il se décoiffa lorsqu'il sollicita la compagnie de son hôte. Le futur candidat ne l'avait pourtant jamais vu habillé autrement qu'à la mode occidentale. Il était vrai aussi qu'il ne l'avait vu que très peu de fois depuis qu'il connaissait Yacine, deux fois exactement.

Monsieur Ben Youcef, Abd Allah de son prénom, était un architecte de renom ici au Maroc. Il travaillait presque exclusivement pour le royaume mais également en tant que consultant sur des chantiers d'envergures au Moyen-Orient. Il avait prolongé son escale en France de deux jours lors d'un de ces déplacements,

1. Banquette typique de salon marocain rouge.

pour voir son fils. Le futur candidat le rencontra pour la première fois à cette occasion. La deuxième fut lors de sa première venue avec sa femme au Maroc. Ils s'étaient alors seulement croisés. À leur arrivée, il partait inaugurer plusieurs bâtiments publics à travers le Maroc.

Il posa sur la table le chapelet qu'il tenait dans sa main droite en rassemblant ses grains de telle sorte que son cordon forme deux cercles superposés.

— Vous êtes de loin la personne dont Yacine m'a le plus souvent parlé. Vous vous intéressez toujours au soufisme ?

— Oui, toujours.

— Savez-vous que mon fils vous avait surnommé l'apôtre ?

— Oui, effectivement, j'ai dû l'entendre une ou deux fois m'appeler comme ça.

— C'était évidemment à cause de votre prénom mais aussi parce que, dans toutes vos discussions, vous finissiez toujours par l'entraîner sur le terrain spirituel.

— Votre fils, monsieur, a été important au tout début de ma quête. J'aimerais pouvoir vous dire à quel point sa sensibilité et son intelligence m'ont permis d'y voir souvent plus clair. J'aimerais pouvoir vous dire à quel point sa camaraderie, par une voie aussi extraordinaire qu'inattendue, continue à opérer. C'est aussi pour ça que j'ai apporté avec moi le tout premier livre de soufisme que m'avait offert votre fils : *Les Hikam, paroles de sagesse* d'Ibn Ata Illah al-Iskandari.

— Oui, je me souviens très bien. En fait, c'est un de mes amis chers qui l'avait orienté vers cet ouvrage. Cet homme a étudié les sciences religieuses islamiques à la célèbre université de la Karaouyine à Fès. Nous déjeunions tous les trois ici même, à cette table, lorsque Yacine demanda quel livre il pourrait offrir à un ami cher versé dans la spiritualité. Rafik lui répondit sans hésitation.

— Ces pages ont été une porte donnant sur un monde dont j'ignorais tout. Je suis sorti de cette lecture rempli à la fois de ce qu'il m'était donné d'en saisir mais également par ce qu'elles renfermaient de mystère. Un point d'orgue en moi continua d'émettre le son de cette vérité. La beauté est une chose. La beauté d'un geste, la beauté d'un visage. Mais j'ai laissé quelque chose dans ces pages et quelque chose s'est déposé en moi. J'ai eu l'impression qu'on avait comme vidé un endroit en moi comparable à la pièce principale d'une maison, qu'on l'avait nettoyé à grande eau et que je m'étais assis en plein milieu sans savoir quoi y installer. Cela me plongea dans une profonde perplexité. Même les questions que je me posais jusque-là avaient disparu. Je ne saurais vous dire combien d'ouvrages toutes traditions confondues j'ai pu lire après ça. Je pensais qu'elles finiraient par remplir d'une manière ou d'une autre ce vide qui s'était installé. Mais rien, juste une tête toujours un peu plus pleine… Je ressortais alors les *Hikam*, les relisant encore et toujours. Quelquefois, je ne faisais que le tenir entre mes mains comme un coffre qu'il m'était impossible d'ouvrir. Rien n'arrive par hasard. Et puis cette nuit, alors que Yacine a rejoint l'autre monde, un meuble a été déposé dans cette pièce vide…

Il pointa son cœur de son index droit et Abd Allah se mit à pleurer.

Si Mimoun revint de Rabat avec le corps de Yacine. Il fut enterré dans le cimetière de Bab al Chorfa le jour même à Fès. Parmi les hommes qui portaient sa dépouille en psalmodiant des versets du Coran figurait Rafik.

Abd Allah le présenta à l'ami français de Yacine « qui s'intéressait au soufisme » à la fin de la cérémonie. Malgré la disparition récente de son fils, il prenait à cœur sa responsabilité envers ses visiteurs et c'est en sa qualité d'hôte qu'il demanda à Rafik de l'emmener à la mosquée de la Karaouyine avant son retour en France. Une fois la cérémonie terminée, quelques-unes des personnes présentes balayèrent du regard les autres tombes se remémorant l'emplacement de celles de leurs proches.

Ils retournèrent en plusieurs convois dans la demeure familiale en fin de matinée. Tout s'était passé très rapidement. Le salon devint un lieu de passage et de tables dressées puis débarrassées au rythme des allées et venues de membres de la famille, de collègues et d'amis qui venaient présenter leurs condoléances. Du thé, accompagné de pâtisseries et de pains, ou des plats de viandes en sauce leur étaient servis selon l'heure à laquelle ils arrivaient. De nombreuses femmes du voisinage vinrent en renfort pour le service et l'accueil. On aurait pu croire à un mariage sans joie.

Le lendemain matin, Nathalie alla avec Leïla dans une pharmacie acheter des comprimés pour aider Virginie à dormir. Elle avait besoin de marcher un peu et préféra demander à Leïla de faire office de guide plutôt que d'envoyer quelqu'un faire cette course à sa place. Dans la chambre, elle se plaignit de ne pas se sentir à l'aise dans son jean, qu'elle s'étonna d'avoir du mal à fermer. Son mari pensa qu'elle avait tout de même à elle seule fini plus de la moitié d'un pain rond et les quatre cuisses des deux poulets qui baignaient dans leur généreuse sauce aux olives qu'on leur avait servis dès le retour de l'enterrement. Cependant, il se tut pour ne pas la contrarier.

Elle fouilla dans leur bagage et se rendit compte qu'elle n'avait pris aucun autre pantalon juste des hauts et des dessous. Elle décida d'emprunter une djellaba à Leïla, l'enfila par-dessus les vêtements qu'elle portait ; ce qui lui permit de garder les deux derniers boutons de son pantalon défaits. Un fin liseré en crochet entourait ses manches et ornait le rebord de la capuche pour finir en plastron sur la poitrine. Nathalie scruta son allure en se disant que cela lui faciliterait la vie de sortir habillée ainsi en France les jours où elle n'avait pas forcément envie de s'apprêter pour descendre acheter une baguette ou faire un tour au marché.

Au moment où ils redescendirent tous les deux, ils croisèrent Rafik qui venait d'arriver.

— *Salam alaykoum !*

— Bonjour Rafik.

— Je vous laisse. J'ai une petite course à faire avec Leïla, je vous dis à tout à l'heure.

— Chéri, je pense sortir avec Rafik, tu ne me trouveras pas à ton retour.

— Très bien. Ne t'en fais pas pour moi.

Nathalie les salua. Elle sortit et s'arrêta pour parler à Si Mimoun qui se tenait debout dans l'allée. Elle lui demanda de garder un œil sur Virginie durant son absence.

— Vous n'avez pas oublié que je devais vous amener à la Karaouyine à ce que je vois ?

— Pour ne rien vous cacher, je ne pense qu'à ça !

— Tiens ? Je lis plus qu'une simple hâte sur votre visage comme un mélange d'urgence et d'excitation. J'aimerais que tous mes étudiants viennent à mes cours avec ce visage.

Il était fin et de taille moyenne. Il portait des lunettes dont les verres se teintaient au soleil. Au volant de sa voiture, il prit le temps de se présenter plus amplement. Il expliqua comment il passa de professeur de français, de latin et de grec à professeur de jurisprudence islamique. Il lui parla de sa passion pour les chansons de geste du Moyen Âge. En homme de sciences, il questionna le candidat sur tel ou tel concept philosophique, lui demanda sur quel sujet il était tombé au bac et enfin comment était né cet intérêt pour la spiritualité.

Ne sachant par où commencer, le futur candidat finit par lui décrire l'état si particulier dans lequel l'avait plongé la lecture des *Hikam*. Puis il poursuivit :

— Au moment où je vous parle, je me sens comme avant de faire ma demande en mariage à ma femme. Je m'apprête à faire un choix qui exclura tous les autres. Mais c'est une évidence que je ne peux plus fuir maintenant.

Lorsqu'ils arrivèrent à la mosquée d'Al Karaouyine, celui que Yacine surnomma l'apôtre devint musulman.

Ces deux témoins furent Rafik et un vendeur itinérant de cacahuètes au sucre et de graines de tournesol venu s'acquitter de la prière de l'après-midi. Il semblait aussi amusé qu'honoré d'assister à la conversion à l'islam d'un Français. De proche en proche, la nouvelle arriva aux oreilles de quelques hommes présents. Tous vinrent lui serrer la main comme pour féliciter un jeune marié une fois l'union prononcée. Une petite assemblée de cinq hommes s'était constituée autour du converti. Après avoir évoqué la grandeur de Dieu en l'appelant à répandre sa Miséricorde sur toutes les créatures, Rafik déclama l'extrait d'une chanson de geste tiré du « Pèlerinage de Charlemagne » :

« Je reconnais que Dieu vous aime ; je veux être votre vassal et mon grand trésor est à vous. »

*

Le candidat se leva serein et se regarda dans la glace au-dessus de la cheminée avant de réajuster sa cravate. Seul dans son bureau, il accueillait pourtant un invité de taille, le temps. Celui-ci comblait tout l'espace et plus rien ne pouvait s'y suspendre. Si Dieu l'avait fait homme, son attaché-case sous le bras, il se tiendrait sûrement là debout face au candidat. Il se serait déplacé jusqu'ici pour sceller une transaction faite avec le destin. Désormais, l'encre était sèche et la plume rangée.

Le candidat fit un petit pas en arrière et baissa les yeux d'abord sur son ordinateur portable ouvert sur la boîte mail (créée spécialement par son équipe de campagne pour permettre à tous les Français, qui souhaitaient lui faire des suggestions, de lui écrire quasi directement), puis sur les feuillets contenant son discours, éparpillés sur le bureau. Après une brève hésitation, il se rassit face à son ordinateur.

Avant d'arriver à lui, tous les courriels transitaient donc via une autre boîte. Depuis l'annonce de la conversion du candidat, ils avaient dû faire face à une multiplication des mails. Certains s'étaient avérés plutôt drôles. Ils avaient ainsi supprimé les photos de vacances à La Baule d'un certain Éric dit « Rico le Magnifique », différentes invitations à des baptêmes et autres bar-mitsva, une invitation à un mariage sikh à Bobigny, une vidéo envoyée par *bijoudefamille95* disant : « Nan mais allô ! T'es Gaulois et t'es musulman ? Nan mais allô quoi ! »

Un message vidéo encore plus loufoque que les autres avait fait s'aplatir Jean-Baptiste, un des membres de l'équipe Web, littéralement plié de rire sur son siège. Les six autres membres de son escadron se précipitèrent instantanément autour de son Mac pour voir de leurs propres yeux l'objet du délit. Jean-Baptiste relança la vidéo sans se faire prier.

Le mail était titré : *2 la part de 2 Amis Domi (le noir) & Gégé (le blanc).*

Ces deux hommes d'une soixantaine d'années s'étaient amusés à imiter les comédiens Omar et Fred dans l'un de leurs plus célèbres sketchs.

La caméra les cadrait en plan rapproché coupé au niveau de la poitrine. Ils étaient tous deux torse nu et portaient des masques type carnaval de Venise. Collé l'un à l'autre, Domi lança les festivités d'une voix de velours teintée d'un accent camerounais appuyé :

— Bah alors ? Tu viendras plus aux soirées maintenant, t'es musulman. C'est dommage. Mais tu sais, Gégé, il aime bien les Merguez aussi. Hein, Gégé t'aimes bien les Merguez ?

— Oui, j'adore les Merguez…

— Hein, c'est bon les merguez ?

— C'est bon les Merguez…

— Et dit à monsieur le Président ce que tu fais aux Merguez, Gégé.

— Je les mange…

— Qu'est-ce que tu fais aux Merguez, Gégé ?

— Je les mange !

— Oh ! la gourmande…

Tous furent pris d'un interminable fou rire. Certains des compagnons de Jean-Baptiste en pleuraient tellement c'était énorme. Ils ne regrettaient, unanimement, qu'une seule chose, celle de ne pas pouvoir partager cette vidéo avec leur entourage. Ils s'imaginaient aussi le buzz que créerait cette vidéo s'ils la lançaient sur la Toile et se demandèrent même s'il fallait ou non l'envoyer au candidat qui avait prouvé à plusieurs reprises son sens aigu de l'humour et avait même souligné à Antoine de Caunes qu'il ne regrettait qu'une chose dans son émission, c'était la fin du SAV d'Omar et Fred. Et, en authentique fan, il alla ce soir-là jusqu'à en chantonner le générique ; ce qui fit beaucoup rire l'assistance.

Après quelques minutes de discussion, la vidéo rejoignit les photos du « Parking Des Mats Volants » où Rico le Magnifique, tout sourire dans son T-shirt jaune à l'effigie de Gandhi posait devant les jantes chromées de son bolide rouge.

D'autres messages au contraire, en réaction à l'annonce de la religion du favori, étaient bien moins amusants. Des messages racistes, xénophobes de citoyens français mais également d'un peu partout en Europe. Les jeunes bénévoles de l'open space, situé juste en dessous du bureau du candidat, s'inquiétaient d'observer une incontestable cohésion autour de thèmes islamophobes et xénophobes. C'était justement, triste coïncidence, le sujet de thèse qu'avait choisi Quentin qui préparait son doctorat en ethnologie, option anthropologie sociale. Son ordinateur installé à côté de celui de Jean-Baptiste, il lui fit part de ses inquiétudes face aux événements de violences racistes survenus récemment en Grèce et l'ironie de voir une telle barbarie naître dans le berceau même de la civilisation occidentale.

*

Toujours devant son écran d'ordinateur, le candidat, qui dans d'autres circonstances (et s'il en avait eu connaissance) aurait sans aucun doute bien ri de la vidéo de Domi & Gégé, décida, pensif, d'ouvrir le mail intitulé : *Une autre Révolution française ?*

Son iPhone vibra quelques accords du refrain de la chanson de Lana Del Rey « Young and Beautiful » qui annonçait l'arrivée d'un texto de sa femme : « Je t'aime. Je suis là, quoi qu'il arrive. » Il voulut lui répondre quand la même sonnerie retentit à nouveau : « Tant que tu ne m'annonces pas que tu souhaites une deuxième épouse... » Il lui répondit : « ? pas besoin d'autres épouses je suis un homme + que comblé ! Je t'aime ! »

Il entama la lecture du mail.

Cher monsieur le futur président
de la République,

Je m'appelle Sylvain. Je vous écris en espérant de tout cœur être lu. Je n'ai ni doléances, ni invectives à votre égard, ni reproches à vous faire ni même éloges d'ailleurs. Je suis Sylvain, citoyen français né de Brigitte et de Grégoire. J'ai grandi à Noirmoutier dans une famille de pêcheurs. Mon enfance ne fut pas malheureuse. Ma mère travaillait comme ramardeuse pour plusieurs petits pêcheurs indépendants, dont mon père. Moi, je n'étais vraiment pas fait pour la mer alors j'ai longtemps réfléchi à la manière dont j'allais prendre le large. Cette idée a commencé à germer en 1980 après avoir vu Fahrenheit 451 *de François Truffaut. J'avais alors 10 ans. Cette histoire de pompiers qui brûlaient tous les livres qu'ils trouvaient sur leur passage m'avait laissé croire qu'ils étaient sûrement passés par chez mes parents et que c'était pour cette raison qu'il n'y avait aucun livre à la maison. Ce film me fascina et fit du livre l'objet de toutes mes convoitises. De retour à l'école, le lendemain de la diffusion du film à la télé, je me mis en quête de livres à lire. Je ne voyais plus la minuscule bibliothèque de mon école avec les mêmes yeux. Elle était devenue un sanctuaire fragile qui menaçait de disparaître. L'ins-*

titutrice avait établi un roulement dans la répartition des tâches de la vie au sein de notre petite communauté, pour nous responsabiliser. Sous forme de tableau, les tâches étaient réparties en cinq colonnes : Ranger les ballons, effacer le tableau et nettoyer le tampon, retourner les livres à la bibliothèque, prendre Titus pendant le week-end et enfin nettoyer la cage de Titus. Le nom de celui qui était désigné y était épinglé. Tout le monde se battait évidemment pour prendre le petit hamster dodu chez lui, sauf moi.

Moi, je ne voulais qu'une chose, être le seul à posséder les clés du placard (c'est ainsi que j'avais rebaptisé la bibliothèque). Et pour que les pompiers du film de Truffaut ne remontent pas jusqu'à moi, j'étais allé, pour brouiller les pistes, jusqu'à faire les corvées de mes camarades. Eux, me donnant en échange leur parole de me laisser les clés la semaine où ils seraient délégués au rangement des livres. Le pire pour moi était le nettoyage du tampon. J'avais cela plus en horreur encore que de déblayer le papier journal, posé comme un lino dans la cage de Titus, de toutes ses petites crottes marron. Aujourd'hui encore, la sensation de la craie sur mes mains m'est totalement insupportable. Mais rien ne pouvait m'arrêter. Je ne fus pourtant jamais bon élève mais cela ne gêna pas outre mesure mes parents pour qui j'avais toujours le choix de rejoindre mon père et Xavier mon grand frère sur le bateau. Je dirais même que, pour mon père, l'embourbement scolaire dans lequel j'étais empêtré, et contre lequel il ne pouvait de toutes les façons rien faire, était un moyen comme un autre d'assurer la relève.

J'ai quitté l'école à 16 ans après deux redoublements et une lassitude qui durait depuis que je m'étais aperçu que les livres de la petite bibliothèque n'avaient pas besoin d'être protégés. Je ne savais ni pourquoi ni pour quoi j'étais fait quand nombreux de mes camarades, déjà sûrs d'eux, avaient en tête un plan de carrière comme un itinéraire bien balisé. D'autres agissaient comme si le fantôme d'un vieux marin prenait progressivement possession de leur corps affectant tour à tour leurs manières de penser, d'articuler les mots et de se mouvoir dans l'espace. Le passage d'une année laissait sur eux l'empreinte de cinq si bien que, au bout de quatre ans, deux décennies semblaient me séparer de certains de mes plus proches camarades.

Ma mère, qui s'inquiétait pour mon avenir, me gardait auprès d'elle dans son atelier chaque fois que j'avais du temps libre et m'y faisait accomplir de petites besognes. Certains matins, je partais à la rencontre de mon père et de Xavier sur la jetée. Mon grand-père avait baptisé son chalutier Providence. *Je n'ai pas connu mes grands-parents, mais il paraît que ma grand-mère n'avait pas apprécié le choix de ce nom. Elle y voyait comme un appel inconscient à vouloir finir sa vie en mer.*

J'aidais à décharger les caisses de poissons pour la criée.

Je n'ai accompagné qu'une seule fois mon père en mer, mais je peux vous dire que, après ça, je ne le voyais plus comme un homme mais comme un titan. Ses mains étaient des nœuds luttant contre d'autres nœuds formés par le creux des vagues. Cet homme avait mille ans. Comment pouvait-on se mesurer à une telle immensité ? Des filets vivants étaient remontés par deux treuils sur le pont dans le bruit d'une souffrance mécanique. Je n'étais pas fait pour cette folie mais pour rester à quai.

En 1988, je venais d'avoir 18 ans, comme dit la chanson, quand je suis monté sur Paris. Un de mes oncles maternels, qui y vivait avec sa petite famille depuis 1978, n'avait rien contre l'idée de m'héberger quelque temps, il avait simplement omis de préciser à sa femme et ses deux fils Sébastien et Frédéric âgés de 14 et 16 ans, et à la carrure de deux lutteurs turcs, que je débarquais ce mercredi 14 mars. Disons juste que l'ambiance de la maisonnée au petit déjeuner, ce matin-là, m'a plus que motivé à trouver un boulot au plus vite. Une dizaine de jours plus tard, mon oncle me déposait devant les portes du Virgin Megastore sur les Champs-Élysées à 8 heures du matin avant de se placer derrière deux taxis à la borne la plus proche pour commencer sa tournée. En attendant l'heure de l'ouverture, j'aurais bien pris un café à une terrasse, mais je n'avais pas un rond, juste un sandwich au thon à la catalane et une gourde avec un sirop de grenadine que ma tante m'avait gentiment préparé oubliant que je n'étais plus le bambin qu'elle avait vu pour la dernière fois en 1983 à Noirmoutier. J'ai été embauché dès mon premier entretien, magasinier au rayon musique folk. C'est là que tout a commencé pour moi. Je n'avais jamais vu autant de personnes dans un même lieu. Des personnes si différentes de celles que je côtoyais au pays. Je me sentais un peu perdu au début. Les vendeurs étaient tous tellement passionnés et avaient la culture qui allait avec leur rayon. J'ai tout appris avec eux. Ils ont tous fini par me communiquer la passion du métier et j'ai fini par me constituer une culture musicale en béton armé. Je suis passé en vingt-cinq ans de petit protégé provincial à doyen respecté. Je pouvais aussi bien renseigner un groupe de fans de Jay Z sur le dernier CD enregistré par le rappeur de Brooklyn qu'une mamie venue acheter l'album live de Frank Michael.

Après plusieurs années, on m'a fait monter dans les bureaux. J'ai tenu un mois, puis j'ai supplié qu'on me fasse redescendre même si j'étais moins bien payé. Le contact avec les vinyles, puis les CD, et les gens, m'était devenu vital.

J'en ai vu passer du monde ici, monsieur le futur Président ! Je suis sûr que même un employé des Nations unies ne peut se vanter d'avoir ren-

contré comme moi la quasi-totalité des habitants de la planète. J'ai croisé des touristes népalais, des jeunes Françaises d'origine congolaise du 9.3, des gays, des moines tibétains, des familles yéménites, le groupe Ocarina (le vrai, l'original !). J'ai entendu des bourgeoises au rayon psychologie infantile s'entretenir au sujet des différents modes de garde d'enfants et évoquer le réseau des Philippines, celui des étudiantes suédoises et celui des Africaines si bien qu'on aurait pu croire qu'elles parlaient de filières clandestines de prostitution. Les rencontres les plus incroyables, je les ai faites lorsque je travaillais en nocturne à la librairie du magasin. En 1999, par exemple, une actrice très connue, dont je tairais le nom, est venue chaque premier jeudi du mois à 23 h 30 précises, pendant près de trois mois, au rayon polar puis au rayon des méthodes d'apprentissage d'anglais pour finir à chaque fois par acheter un livre de cuisine. Deux de mes collègues peu enclines à la compassion s'amusaient à commenter entre elles en voix off fantaisistes ses faits et gestes devenus rituels :

— Faut qu'je trouve l'inspiration dans un de ces bouquins pour refroidir mon agent incompétent.

— Quoique… j'peux apprendre l'anglais et m'barrer à Hollywood.

— Oh et puis merde alors, je rentre et j'me fais un moelleux au chocolat !

*Ah çà, oui, j'en ai vu du monde ! J'ai fait face à une horde d'assaillants habillés en élèves de Poudlard venus s'emparer avant l'heure du deuxième volet d'*Harry Potter. *J'ai assisté à des séances de dédicaces où il n'y avait que deux personnes, d'autres où le service de sécurité, débordé par des fans totalement hystériques, a dû faire évacuer le lieu en catastrophe. J'ai à nouveau dû faire face à la même horde de fans d'*Harry Potter *mais plusieurs années plus tard pour la sortie du dernier volet. J'ai partagé mon amour pour l'œuvre d'Isaac Asimov avec un musulman salafiste. Ce sont les mêmes collègues qui se payaient la tête de l'actrice qui m'ont « alerté ». « Fais gaffe… T'as vu sa barbe et comment i'se sappe… » Je n'avais pas remarqué sa tenue vestimentaire. J'ai vu tellement de gens défiler, monsieur le futur Président, que j'ai fini par percevoir le vêtement comme ce qu'il est la plupart du temps : un déguisement. C'est ce que j'ai trouvé beau dans ce temple de la culture. Tout le monde venait y chercher quelque chose et on pourra me dire ce qu'on veut mais, lorsqu'il s'agit de culture, on ne peut pas parler d'une consommation comme une autre. Ce lieu était un lieu vivant de la culture en mouvement.*

En comparaison, à Montmartre il n'y a que des fantômes, des boutiques de souvenirs et de porte-clés. Et quelques ombres qui pleurent sur la statue de Dalida. Le génie de l'époque est sous la lumière de lampes halogènes et dans la cohue d'un magasin capable de réunir un passionné de littérature chinoise, un geek qui se précipite sur le Call of Duty : Black Ops II à un père venu acheter le Blu-ray de Bambi *à sa petite fille. Si j'ai beaucoup lu, c'est grâce à cet endroit fabuleux. J'ai lu Rumi, Villon, Ionesco, Camus, Romain Gary, Sénèque et tellement d'autres. Que les mots sont beaux ou plutôt que l'humanité est belle lorsqu'un seul homme sait la magnifier en paroles.*

Je ne sais plus vraiment au juste pourquoi j'ai désiré vous raconter mon histoire. Je sais seulement que je n'ai jamais raconté de choses si personnelles à quelqu'un que je ne connaissais pas. Peut-être parce que je trouve profondément injuste la manière dont certains Français vous jugent alors que, hier encore, ils avaient tous une tout autre opinion de vous.

Pour ma part, le fait que vous soyez musulman, ou non, ne change strictement rien et j'ai été scandalisé ce matin en allant acheter mon journal de constater que la plupart des médias ne fassent pas preuve de plus de circonspection. Et puis que Charlie Hebdo *en profite pour sortir dans la foulée un numéro spécial sur de nouvelles caricatures de Mahomet est particulièrement dégueulasse, irresponsable et dramatique pour tout le monde sauf peut-être pour leur chiffre d'affaires. Mon père, de passage à Paris, en le parcourant s'est d'ailleurs exclamé : « Qu'est-ce tu veux, ils savent pas assez bien dessiner pour faire les Beaux-Arts et ils sont trop cons pour faire des études de religion ! » Cela m'a fait beaucoup rire. Il alla même jusqu'à les comparer aux talibans qui avaient dynamité les bouddhas géants en Afghanistan : « Pour utiliser les mêmes méthodes de merde que ceux qu'on critique, faut être le dernier des demeurés ! » C'est mon père tout craché. Il n'avait jamais été particulièrement porté sur les bondieuseries, mais disait pourtant que critiquer les religieux qui enquiquinent le monde depuis la nuit des temps était une chose, mais ne pas respecter les croyances des autres sous prétexte qu'elles étaient différentes en était une autre.*

Lorsque j'ai appris que vous étiez musulman, je me suis dit : « Finalement pourquoi pas un président musulman ? » J'ai perdu mon travail et c'est la révolution que j'attendais. Si une tête doit tomber, ce sera celle du paradoxe et de l'hypocrisie dans laquelle la France s'enlise toujours un peu plus. J'ai perdu mon travail, oui, mais je ne céderai pas à la haine et à l'aigreur. Je le dis avec force en affrontant mes peurs comme Gandalf le Gris dans Le Seigneur des anneaux *qui fit face au grand monstre de La Moria et qui devint par ce geste de bravoure Gandalf le Blanc. Sans le faire exprès avec toute cette histoire, vous êtes en train de réveiller notre vieux pays et même notre vieux continent depuis si longtemps endormi. Et si notre « Yes we can », c'était vous ? Moi, je veux bien y croire et en écrivant ça là tout de suite, je trouve même que cette idée a de la gueule. C'est un moment historique pour la France, le moment de se montrer à la hauteur d'elle-même. Je vous souhaite bon vent, monsieur le futur président de la République française.*

Sylvain

PS : Je retourne dans un mois définitivement avec ma famille vivre en Vendée. Si un jour, vous êtes de passage au pays, vous êtes le bienvenu sur le « Providence ».

Le candidat resta immobile, l'œil fixe et l'oreille perdue dans les murmures sourds qui tambourinaient avec de plus en plus d'insistance sur la porte close. Il éclaircit sa voix, se leva lentement et se dirigea vers cette porte, cette frontière ultime qui le séparait du monde extérieur, comme si elle n'existait pas.

POSTFACE

La littérature est un véhicule autonome et vivant. Un livre qui va son chemin une fois le point final apposé. Je veux donner forme à mon expérience de vie sans avoir à parler d'elle, sans avoir désormais à parler de moi. La littérature doit s'évertuer à nous faire disparaître. L'écriture réelle est humble parce qu'elle ne porte pas trace de nous-mêmes mais celle de tous les autres doit y être éclatante. Être vivant aujourd'hui en 2013 en France signifie quelque chose que j'ai envie de donner à entendre, à voir, à lire, à ressentir. C'est une démarche de partage. Crier dans la foule : « Vous n'êtes pas seuls ! » C'est l'unique raison pour laquelle j'ai écrit ce livre.

J'ai foi en la littérature. Je ne pourrai donc pas me cacher éternellement derrière mon enfance et mon adolescence trouble. On devient véritablement écrivain quand on abandonne l'autobiographique pour de bon. Quand on ne parle plus en son nom propre mais au nom de tous les autres différents de soi-même et forcément semblables. Donner une voix aux sans-voix, c'est donner la parole à ceux qui n'écrivent pas. À hauteur d'individu, les actes parlent toujours plus fort que les mots mais, à hauteur d'humanité, il n'y a que les mots qui subsistent. Les écrits restent. Ces paroles qui prennent vie une fois articulée par la littérature. Une fois que l'histoire nous est contée.

Ce livre est en quelque sorte une introduction. Une préface au roman social que j'espère pouvoir être capable d'écrire ces jours prochains.

Aujourd'hui, la littérature est bien plus qu'elle-même, certaines « attitudes littéraires », certaines bravades, dont seuls étaient capables les grands romanciers ou les grands poètes, ne sont plus l'apanage d'eux seuls. Et on découvre pour ainsi dire que des artistes tels que Jacques Brel, Brian Eno, Juliette Gréco, Rick Rubin, Jane Birkin, Jay Z, Serge Gainsbourg ou Kanye West dégagent la même énergie vibratoire que des monstres littéraires comme Hemingway, Capote, Zola, Hugo, Césaire, Camus, Sartre ou encore Glissant.

Ces personnalités si dissemblables partagent d'abord et avant tout une forme d'avant-gardisme – qu'il ne faut pas confondre avec la « branchouillerie » qui est son pendant jetable, on peut appeler ça du courage aussi. Parce que c'est le fait d'avoir du style, de l'intelligence et du cœur dans les tripes. Cette capacité à se trouver, avec une élégance toute singulière dans leur genre respectif, au croisement du classicisme et de la modernité. C'est aussi, et cela va évidemment ensemble, le fait de ne pas avoir peur… De ne pas avoir peur d'être soi et de son temps.

De tels artistes ne font pas qu'enrichir la culture populaire, ils en redéfinissent les contours face à une société en mouvement. Derrière cette manière de faire, de concevoir la culture, il y a donc la politique. Et ces artistes ne sont pas de simples artistes, ce sont des artistes citoyens qui, en redessinant la culture populaire à leur image (pas simplement dans le fait d'être artiste à leur façon mais, également et surtout, dans leurs attitudes et/ou leurs déclarations face aux événements historiques, politiques, sociaux, économiques, écologiques, etc.), se font de véritables passeurs de l'idée démocratique.

Prenons pour exemple l'attitude d'un Kanye West (même s'il allait chanter quelques années plus tard devant le dictateur du Kazakhstan !) sur la chaîne américaine NBC en septembre

2005, lors du Téléthon organisé pour venir en aide aux victimes du cyclone Katrina ; lorsqu'il dit en direct à l'Amérique entière (et finalement au monde) que « George Bush n'en a rien à faire du peuple noir ! » C'est de ce genre d'engagement spontané, en plus du talent qu'ils mettent dans leurs œuvres, que ces artistes tirent leur mérite. Camus, en parlant des écrivains engagés, disait en substance que cet engagement n'a de sens que parce qu'il est libre. Et que si cela devait devenir une loi, un métier ou une terreur, il n'y aurait justement plus aucun mérite.

En France aujourd'hui, ce type d'artiste est quasiment absent du paysage parce que soit il se repose sur la grandeur d'un patrimoine culturel et artistique, qu'il vide de la dynamique de son actualité en la muséifiant, soit il se construit en marge de celle-ci. Le passé doit être une inspiration, mais le passé est habité, donc inhabitable. C'est dans cette tension que l'artiste doit créer son espace, et cela me semble être en France une tâche particulièrement ardue. C'est parce que l'artiste est toujours le résultat du contexte de son époque.

Et aujourd'hui l'artiste français (mais pas seulement l'artiste) ne cesse de développer des complexes face à la mondialisation et à l'hégémonie culturelle américaine. Cette Amérique si « cool », capable de recycler, de réactualiser, de réinventer son propre patrimoine en se connectant à toutes les strates de sa population et en remodelant perpétuellement sa réalité. Faisant de l'espace culturel la chose publique par excellence où tous se sentent reconnus dans leur particularisme, mais partagent les mêmes valeurs et les mêmes idéaux.

C'est ainsi que des artistes aussi différents que Jay-Z, Bruce Springsteen, Scarlett Johansson et Marc Anthony, pour ne citer qu'eux, ont participé activement à l'élection (puis à la réélection) de Barack Obama. Tous convaincus de travailler par là même à la fois au maintien de la cohésion d'une unité nationale et à celui d'un prestige hors de leurs frontières mis à mal par l'administration Bush.

Lors d'une longue discussion avec l'acteur et chanteur Harry Belafonte, je fus étourdi par une série d'histoires qu'il me narra. Il m'expliqua comment il avait découvert Paris après la Seconde Guerre mondiale avec ses amis Miles Davis et James Baldwin ; comment ils avaient été émerveillés par le foisonnement de talents et d'idées neuves et progressistes que la France portait en elle ; comment ils étaient devenus naturellement les camarades de tous ces Parisiens blancs, militants, audacieux et distingués. Il me raconta comment quelques années plus tard, devenu l'un des plus proches amis de Martin Luther King et un fervent militant de la lutte pour les droits civiques, il revint à Paris chercher le soutien de la France dans la lutte des Noirs américains.

Il me détailla comment il fut reçu et soutenu par Yves Montand et Simone Signoret, qui réunirent autour d'eux les artistes et les intellectuels les plus influents de l'époque pour sensibiliser la France et l'Europe à la ségrégation raciale dont étaient victimes les Noirs dans certains États américains. Des milliers de Parisiens participèrent à cet événement, qui eut un retentissement mondial. Il me précisa que, en ce temps-là, tout ce que Paris et la France symbolisaient de force prenait sa source dans son incroyable et singulière culture, qui était sans doute selon lui la plus prestigieuse et la plus en phase avec les soubresauts de l'époque. Quels peuvent être les moyens aujourd'hui pour que la culture se connecte à nouveau avec (tout) son peuple, et particulièrement avec (toute) sa jeunesse ? Et, à bien y voir, n'est-ce pas d'abord de cette crise-là que notre avenir meurt en silence ?

Je suis convaincu qu'en France la crise des industries culturelles n'est pas seulement liée à Internet, aux nouvelles technologies ou à la crise économique. C'est une forme de lâcheté et de suffisance qui handicape trop d'artistes et de médias, qui les empêche de rester en phase avec le réel, de se mettre au diapason des profondes attentes de l'audience : faire croire en l'avènement de la « possibilité de ». On appelle cela le rêve, l'espoir aussi. Le rayonnement de la France s'amenuise parce qu'elle perd toujours un peu plus en incitation créative quand elle est sans cesse, dans un flot continu, alimentée négativement par la peur.

Tout cela n'est que la conséquence d'une perte de confiance dans sa capacité à répondre de façon pertinente aux problématiques de l'époque. Ne cherchant des solutions qu'à l'extérieur d'elle-même alors que tout est pour elle à portée de main. Un patrimoine artistique et culturel fabuleux, qui a longtemps fait office de référence absolue pour le reste du monde, qui ne demande qu'à être revivifié, et un peuple d'une diversité magnifique et d'une force de jeunesse phénoménale.

Brel, Eno, Gréco ou Hov, tous ces héros chanteurs, rappeurs, rockeurs, et autres, ne disent pas autre chose que cela, chacun à leur façon : c'est dans la culture que s'origine la politique. C'est elle qui lui donne son sens, sa noblesse et sa singularité, qu'elle érige au rang d'universel parce qu'elle parle à tous, parce qu'elle parle de tous.

En réalité, dans le mouvement de l'Histoire, ces artistes sont des archétypes. Ces figures qui ne changent jamais sont des repères solides et stables. C'est simplement notre manière de les percevoir qui évolue. Et lorsque j'écris, j'ai tout cela en tête. J'essaie de trouver par ma musique, par mes textes et (depuis peu) par mes images des perspectives inédites pour expliciter ce phénomène. En quête de correspondance figurative, j'essaie de transcender les formes et les genres dans un esprit de réel partage, et j'oserais presque dire de communion. Je ne perds jamais de vue que mes productions artistiques ont une destination et que, à un moment donné, elles m'échapperont. Prendre conscience des autres, ne jamais nier cet Autre que je ne connais pas et qui pourtant me fera prendre place dans sa vie, est pour moi un devoir, une nécessité.

Ce principe ne met absolument pas en péril la liberté créatrice, au contraire elle y puise son essence. Lorsqu'on a cette approche, l'artiste est comparable au funambule. Il garde l'équilibre sur le fil de la sincérité, au-dessus du vide. Une multitude de choses nourrit le vide, il y a l'orgueil, l'égoïsme, la peur, la cupidité et la soif de tout ce qui peut vous donner l'illusion d'être supérieur aux autres.

En parallèle, je me fais aussi toujours une autre réflexion, de façon plus ou moins consciente, quand j'écris un texte. Je souhaiterais qu'écrire en langue française, dans un monde dominé culturellement par l'Amérique, ne relève plus d'une solution par défaut de la résistance bête ou une solution alternative. Je me dis fort qu'avec un peu de talent, c'est l'antidote d'un mal qui se balade lui aussi à travers l'Histoire. S'appropriant toujours tout, lorsqu'il est assez virulent, pour finir, fatalement, par tuer l'altérité.

Finalement écrire, c'est capter l'immuable en mouvement. C'est être juste un peu moins que mystique. En tout cas, c'est avoir une intelligence du cœur qui nous permette de nous réconcilier un peu plus avec l'idée de mort ; puisqu'il y a toujours quelque chose qui subsiste.

Mais tout cela n'est pas très important au fond. Je veux dire, l'art n'est qu'un moyen qu'a développé l'homme pour exprimer son humanité, sa capacité à s'émouvoir et son engagement solidaire en tant qu'être dans un monde qui nous incite de façon toujours plus insidieuse à prendre de la distance avec la réalité profonde de nos émotions.

Table

Composition et mise en page

NORD COMPO
multimédia

CET OUVRAGE
A ÉTÉ ACHEVÉ D'IMPRIMER
SUR ROTO-PAGE
PAR L'IMPRIMERIE FLOCH
À MAYENNE EN OCTOBRE 2013

N° d'édition : L.01ELKN000444.N001 – N° d'impression : 85569
Dépôt légal : octobre 2013

Imprimé en France